中華古籍保護計劃

ZHONG HUA GU JI BAO HU JI HUA CHENG GUO

·成果·

(宋)陸游 撰

# 宋本新刊劍南詩稿

第一册

國家圖書館出版社

**圖書在版編目(CIP)數據**

宋本新刊劍南詩稿:全三册/(宋)陸游撰.-- 北京:國家圖書館出版社,2017.12

(國學基本典籍叢刊)

ISBN 978-7-5013-6185-4

Ⅰ.①宋… Ⅱ.①陸… Ⅲ.①宋詩—詩集 Ⅳ.①I222.744

中國版本圖書館 CIP 數據核字(2017)第 195585 號

| | |
|---|---|
| **書　　名** | 宋本新刊劍南詩稿(全三册) |
| **著　　者** | (宋)陸游　撰 |
| **責任編輯** | 陳瑩瑩 |
| **封面設計** | 徐新狀 |
| **出　　版** | 國家圖書館出版社(100034　北京市西城區文津街7號)<br>(原書目文獻出版社　北京圖書館出版社) |
| **發　　行** | 010-66114536　66126153　66151313　66175620<br>66121706(傳真)　66126156(門市部) |
| **E-mail** | nlcpress@nlc.cn(郵購) |
| **Website** | www.nlcpress.com→投稿中心 |
| **經　　銷** | 新華書店 |
| **印　　裝** | 河北三河弘翰印務有限公司 |
| **版　　次** | 2017年12月第1版　2017年12月第1次印刷 |
| **開　　本** | 880×1230(毫米)　1/32 |
| **印　　張** | 19.125 |
| **書　　號** | ISBN 978-7-5013-6185-4 |
| **定　　價** | 60.00圓 |

## 《國學基本典籍叢刊》編委會

# 《國學基本典籍叢刊》前言

國家圖書館出版社（原書目文獻出版社 北京圖書館出版社）成立三十多年來，出版了大量的中國傳統文化典籍。由於這些典籍的出版往往採用叢書的方式或綫裝形式，供公共圖書館和大學圖書館典藏使用，普通讀者因價格較高、部頭較大，不易購買使用。爲弘揚優秀傳統文化，滿足廣大普通讀者的需求，現將經、史、子、集各部的常用典籍，選擇善本，分輯陸續出版單行本。每書之前均加簡要説明，必要者加編目録和索引，總名《國學基本典籍叢刊》。歡迎讀者提出寶貴意見和建議，以使這項工作逐步完善。

國家圖書館出版社

二〇一六年四月

# 序　言

陸游（一一二五—一二一〇），字務觀，號放翁，山陰（今浙江紹興）人。南宋文學家、史學家。陸游出生於名門望族、江南藏書世家。其高祖陸軫是大中祥符年間進士，官至吏部郎中；祖父陸佃，師從王安石，精通經學，官至尚書右丞，著有《春秋後傳》《爾雅新義》等；父親陸宰，通詩文、有節操，北宋末年出仕，南渡後，因主張抗金受主和派排擠，遂居家不仕。

陸游一生筆耕不輟，詩詞文俱有很高成就，其詩語言平易曉暢、章法整飭謹嚴，兼具李白的雄奇奔放與杜甫的沉鬱悲涼，尤以飽含愛國熱情爲後世稱頌。陸游亦有史才，他的《南唐書》，『簡核有法』，史評色彩鮮明，具有很高的史料價值。其詩作存世九千三百多首，詩集存世主要版本有宋嚴州刻本《新刊劍南詩稿》二十卷本（存十卷），宋嘉定刻《放翁先生劍南詩稿》八十五卷本（存目録七卷詩八卷），明毛氏汲古閣刻本及後印本。

宋本《新刊劍南詩稿》二十卷，半葉十行，行二十字，白口，左右雙邊。存卷一至四、八至十、十五至十七，共計十卷。卷前有淳熙十四年（一一八七）鄭師尹跋文。這是現在我們能够看到的陸游詩集最早的刻本。此本曾經清人黄丕烈收藏，且當時已經殘破，與今本無太大差異，黄氏跋云：『殘本《新刊劍南詩稿》，每半葉十行，每行廿字。所存一至四，又八至十，又十五至十七，凡十卷。前有淳熙十有四年臘月幾望門人迪功郎、監嚴州在城都税務鄭師尹序一首。……今經汲古閣毛氏一概合刻，面目無復存焉者矣。此雖殘帙，猶可考其初不掍連也。』傅增湘《藏園群書經眼録》卷十四云：『存十卷，二百九十一葉，中缺六葉。……版心下方記刊工姓名，有張明、張威、徐通、李忠、金彦、張定、金敦、王恭、師順、張彦等。……卷中有墨書標題於各詩上方，兼有評語。字畫清勁，爲宋人手迹。……又有墨記一方，録《顔氏家訓》借人典籍一則，題「虎瞻中齋録」。』傅氏進而又説：『核其刊工與箧藏嚴州小字本《通鑑紀事本末》合，其爲淳熙十四年嚴陵刊本無疑。眉上宋人批語字極古雋。』李致忠《宋版書敘録》（書目文獻出版社一九九四年）、祝尚書《宋人别集敘録》（中華書局一九九九年）等認同此説，但中華書局點校本《陸游集》出版説明、韓立平《『詩賦並刊』與〈劍南詩稿〉版本問題》（《古典文獻研究》第十二輯）等均認爲此本是否爲嚴州刻本值得商榷。韓立平引南宋張鎡《南湖集》卷四《覓放翁劍南詩集》『見説詩並賦，嚴陵已盡刊』爲據，認爲嚴州刻本當爲『詩賦並刊』，前十九卷爲詩，末卷爲賦，古人詩賦合刊，並非孤例，有其較大的合理性。然而，韓文得出今宋本非嚴州刻本的基礎是毛本出於江州本，這個基礎却並不牢靠。筆者比對此宋本與毛晉初刻、毛扆校改後印本等，發現毛晉所據底本並不是『江州本』。今江州本殘存目録七卷、正文八卷（今藏國家圖書館，《中華再造善本》收録，祝尚書《宋人别集敘録》考證甚詳），以其卷一目録順序而言，與此宋本（嚴州本）完全一致，可見江州本有部分與嚴州本同出一源。偏偏毛晉汲古閣初刻本卷一《送韓梓秀才十八韻》之後是《晚泊慈姥磯下》兩首，與兩個宋本迥異。正文之中，毛晉刻本與兩個宋本也有諸多不同，此不枚舉。其實黄丕烈已經對此産生懷疑，他跋宋本《放翁先生劍南詩稿》云：『余向從郡故家收得殘宋刻《劍南詩稿》十册，卷第多剜改，以毛刻勘之，得其原本卷第。而毛刻於各卷下注宋本者，往往與殘宋本（按指嚴州本）合。然此十卷外，尚有注宋本字樣者，余所收中却無，未解其何謂。及續收此别本宋刻（按指江州本），存卷有八，覆取毛刻證之，與其注宋本字樣者適合，乃嘆遇合之奇，無過於是。蓋汲古閣當日所據以付梓者，本非宋刻，偶得殘本十八卷校勘之，因各記於卷尾，而不明言所得宋刻之全否以示後人，豈知後世有勤於搜訪者，次第得之，以重爲印證乎！』倒是毛扆後印本的校改，多與宋本相合，顯露出很多宋本的痕迹。據此我們不難推測，毛晉初刻，所據底本起碼與此二本非一系統，而後來毛扆見到了此嚴州本，據以校改，是爲毛氏後印本。綜上，我認爲此宋本《新刊劍南詩稿》即嚴州刻本，其前十九卷爲詩，末一卷極有可能是賦。

《劍南詩稿》最早見録於陳振孫《直齋書録解題》，《解題》卷二十曰：『《劍南詩稿》二十卷、《續集》六十七卷，陸游務觀撰。初爲嚴州刻前集稿，止淳熙丁未。自戊申以及其終，當嘉定庚午，二十餘年爲詩益多，其幼子遹復守嚴州，續刻之。篇什之富以萬計，古所無也。』《解題》卷十八『別集類下』又云：『《渭南集》三十卷、《劍南詩稿》《續稿》八十七卷，華文閣待制山陰陸游務觀撰。左丞佃之孫。……詩爲中興之冠，他文亦佳，而詩最富，至萬餘篇，古今未有，故文與詩別行。』明代至清初，《文淵閣書目》《菉竹堂書目》《百川書志》《世善堂藏書目録》《絳雲樓書目》等，均有簡略記載。《四庫全書總目》卷一百六十載：『《劍南詩稿》八十五卷，宋陸游撰。游有《入蜀記》，已著録。是集末有嘉定十三年游子朝請大夫知江州軍事子虡跋，稱游「西泝僰道，樂其風土，有終焉之志，宿留殆十載。戊戌春正月，孝宗念其久外，趣召東下。然心未嘗一日忘蜀也。是以題其平生所爲詩卷曰《劍南詩稿》，蓋不獨謂蜀道所賦詩也。」又稱戊申、己酉後詩，游自大蓬謝事歸山陰故廬，命子虡編次爲四十卷，復題其籤曰《劍南詩續稿》。自此至捐館舍，通前稿爲詩八十五卷。子虡假守九江，刊之郡齋，遂名曰《劍南詩稿》云云。則此本游子虡之所編。至跋稱游在新定時所編前稿，於舊詩多所去取，所遺詩尚七卷，不敢復雜之卷首，別其名曰《遺稿》者，今則不可見矣。

卷首又有淳熙十四年游門人鄭師尹序，稱其詩爲眉山蘇林所收拾，而師尹編次之。與子虡跋不同。蓋師尹所編，先别有一本。子虡存其舊序，冠於全集也。』這些記録，都爲我們瞭解《劍南詩稿》的版本及流傳提供了有益參考。

今人錢仲聯先生《劍南詩稿校注》是陸游詩集研究的集大成者。其選用毛刻後印本爲校注底本，同時吸收兩個宋刻本及衆本的長處，極爲允當。但是，這並不能表明宋本《新刊劍南詩稿》的價值降低了，其主要價值有：

首先，有一定的文字校勘價值。通過粗略對讀，我們發現錢先生也有智者千慮、粗心失校之處，如《送曾學士赴行在》：『搖搖跂前旌』，錢本校記：『「搖搖句」跂，毛刻後印本作「跂」，兹據毛晉初印本。跂，疑是跂字形近之誤，義爲跂望。』翻開宋本，字即作『跂』，無需贅言大段校記。

其次，保存了宋本舊貌，保留了爲數不少的當時注音。吉光片羽，彌足珍罕。如《和陳魯山十詩以孟夏草木長遶屋樹扶疏爲韻》宋本二至十首題作『其二』等，汲古閣本作『又』。《送韓梓秀才十八韻》『巉壑窮探搜』，『探』下有小字『平聲』；《寄陳魯山正字》：『瘦馬趂朝請』，『請』字下面有小字『去聲』，等等。

第三，版心保留了一些宋代刻工名稱，對我們考察鑒定同時期的刻書情況和活動，有一定的參考價值。

因而，我們將宋本原書掃描，影印出版，供廣大讀者賞閱。因此本頁面多有殘缺，故衹在目録中標明卷次，以備查考，不再録篇名細目。

南江濤

二〇一七年七月

# 總目録

## 第三册

# 第一册目録

據國家圖書館藏宋淳熙十四年（一一八七）嚴州郡齋刻本影印原書版框高十九點五厘米寬十四點二厘米

劍南詩稿十册　11404

序二頁、

卷一、廿三頁、

卷二、廿九頁

卷三、三十頁

卷四、三十頁

卷八、三十頁（内空白二頁）

卷九、廿七頁

卷十、廿七頁（内空白四頁、廿四—廿七）

卷十四、廿頁

卷十五、廿八頁

卷十六、廿七頁

劍南詩稿六册　11405

目録卷一、廿五頁

卷二、廿三頁

卷四、十八頁

卷五、十六頁

卷六、十五頁

卷七、十四頁

卷八、七頁

卷四十二、十七頁（前附跋二頁、内空白十九頁）

四十三、十八頁

四十四、十八頁

五十八、十七頁

五十九、十八頁

六十、十六頁

六十一、十七頁

六十二、十七頁

又跋一頁

顔氏家訓曰借人典籍皆須愛護先有缺壞
就爲補治此亦士大夫百行之一也濟陽江
禄讀書未竟雖有急速必待卷束整齊然後
得起故無損敗人不厭其求假焉或有狼籍
几案分散部秩多爲童幼婢妾所點污風雨
犬鼠之所毁傷實爲累德吾每讀聖人之書
未嘗不肅敬對之其故紙有五經詞義及賢
達姓名不敢穢用也

虎暗中齋録

前輩有欲補詩之一字之[illegible]終
莫適其當[illegible]大發言寓意示[illegible]
惟一字之工或着窮思畢慮之
弗逮人才相去乃爾遼邪
太守山陰陸先生劍南之作傳
天下眉山蘇君　　尤富適
官屬邑欲　　　命[illegible]

以纂次屬　　而著

則浩渺閎肆苴　　掩卷矣

息者久之獨念吾儕日從事

先生之門閒有疑閼自公餘可

以從容質正幸來者見斯文大

全用是不敢辭爲南詩稾六

九十四首　稾三百七十八首

序

蘇君於集外得一千四百一十
三首凡二千五百計四首又
七首釐爲二十卷總曰綱南民
真舊也文字傳襲失真類不[illegible]
人意其如此考得之所見有以
傳信而無疑云 [illegible]之情性充
乎天地見之 [illegible]以之

意深遠一
君　先生之孝　世臣公
為之發揮非師尹敢任淳熙十
有四年臘月幾望門人迪功郎
監嚴州在城都稅務括蒼鄭
師尹謹書

# 新刊劍南詩稾卷第一

山陰陸　游　務觀

## 別曾學士

兒時聞公名謂在千載前稍長誦公文雜之韓杜編
夜輙夢見公皎若月在天起坐三歎息欲見亡繇緣
忽聞高軒過驩喜忘食眠袖書拜轅下此意私自憐
道若九達衢小智妄鑿穿所願瞻德容頑固或少[illegible]
公不謂狂疏屈體與周旋騎[illegible]日明山川
袍鞶不得從瞻望抱悄然書[illegible]稽首三年
賤貧未即死聞道期華[illegible]

送仲高兄宮[illegible]

兄去游東閣才堪直北扉莫[illegible]佑記乞身歸

道義無今古功名有是非臨[illegible]言[illegible]敢計從違

題閻郎中溧水東皋園亭

省中地禁清晝長侍史深注熏籠香榮名撓公公不住東皋歸去栽花忙毵毵華髮映[illegible]紱同舍半已排雲翔正如少陵入嚴幕本自不用尚書郎向令封侯佩金印不然草詔直玉堂萬鍾會作夢幻過三徑[illegible]嘆松菊荒樂天十年履道宅箕皇一夕平泉[illegible]者富貴定何物一笑乃復坐此妨東皋樂哉[illegible]趣聱

花起舞當自強知公能[illegible]子狂請賦式[illegible]二章

和陳魯山十[illegible]孟夏草木長詩[illegible]

珠爲韻

言語日益工風節顧弗競杷柳爲桮棬此豈眞物性

病夫背俗馳梁甫時一詠柰何七尺軀貴賤視趙孟

其二

唐虞亦人耳四海可高謝哀哉斗升故諂言兩遥[illegible]

心物自賓能整故能暇會[illegible]

其三

大父昔在朝騰上唯[illegible]

音留類也



議論主中和人才進者

其四

櫻筍事已過角黍配夏熟尚[illegible]纓繫虎王

此生本幻戲衰態轉眼足三郎老無繆始解斷絲木

其五

門無容車高庭止旋馬庸人富貴固易耳正恐卿儒長

時情競脂韋家法獨骯髒靜處看紛紛桔槹勞俯仰

其六

至人貴其身不使事物凌捐身易富貴明珠[illegible]

我願稱善人題作墓上表從來尺鷃樂不羨[illegible]鴻鵠

過三十之歎果處

其七

匆匆過三十夢境日已䖏誰知數亡羊但有

本來作何面認此逆旅屋逢人吹布毛出世不忍獨

其八

杜門殊省事百巧輸一粗燒香淨掃地袖手了朝莫

君看尻攝手端自勝金注塵機早見貸不待雞竿樹

其九

萬物備於我本來無欠餘寠[illegible]西抹復東塗

斯文如大廈傾壞要[illegible]大子[illegible]苦賣子虛

其十

看梅

風花憐寂寞起舞為[illegible]
汝開何自有汝落何[illegible][illegible]居[illegible]吾汝皆如女

看梅絕句五首

梅花宜寒更宜陰摩挲拱[illegible]過溪尋幽香着人索管
領不信如今鐵石心

其二

梅花樹下黄茅丘古人尚能愛花不月澹煙深聽牧
笛死生常事不須愁

其三

荒陂十畝浴鳧鴨折葦枯蒲寒意深何處得[illegible]滿載

酒醉時繫着古梅林

其四

一物不向胷次橫醉中談詐坐中傾梅花有情應記得可惜如今白髮生

其五

老子舞時不須拍梅花亂插烏巾香尊前作劇莫相笑我死諸君思此狂

春晚簡陳魯山

春工我輩人可許不[illegible][illegible]欲老賣野紅綠遍

向來苦摧傷零雨雜飛青[illegible]

學苑淺體



吾齋萬花間輕衫稱團[illegible]

吾𡊮未忘情小句亦[illegible]持[illegible]言之語一轉

寄酬曾學士學宮[illegible]能比得書三首

寓廣教僧舍有[illegible]子泉無對之輒奉懷

庭中下千鵲門外傳遠書小印紅屈蟠兩端黃蠟塗

開緘展矮紙滑細疑卵膚首言勞良苦後問逮妻孥

中間勉以仕語意極勤渠字如老瘠竹墨淡行蹟疎

詩如古鼎篆可愛不可摹快讀醒人意垢癢逢把梳

細讀味益長炙轂出膏腴行吟坐臥看廢食[illegible]

想見落筆時萬象聽指呼亦知題詩處綠[illegible]髮麤

公閑討有客煎茶置風爐儻公無客時纙纓不足娛
井名本季瀰思人理豈無居然及賤子媿謝[illegible]
幾時得從公舊學鋤荒蕪古文講聲形誤字辨魯魚
時時酌井泉露芽奉瓢盂不知公許否因風報何如

夜讀兵書

孤燈耿霜夕窮山讀兵書平生萬里心執戈王前驅
戰死士所有恥復守妻孥[illegible]功亦邂逅逆料政自疏
陂澤號飢鴻歲月欺貧儒歎[illegible]面安得長膚腴

二月二十[illegible]作

棠梨花開社酒濃南村北村鼓[illegible]冬

飯敢説穀賤復傷農宣州寓[illegible]

臥龍但願諸賢集廊[illegible]生寄[illegible]勝食圭

送曾學士赴[illegible]行

二月待燕觴紅杏寒未折[illegible]月送入都杏子已可摘

流年不貸人俯仰遂成昔事賢要及時感此我心惻

欲書加餐字寄之西飛翮念公爲民起我得怨乖隔

搖搖跋前旌去去望車軛亭鄣鬱將暮落日澹陂澤

敢忘國士風涕泣效臧獲敬輸千一慮或取二三策

公歸對延英清問方側席民瘼公所知願言[illegible]

向來酷吏橫至今有遺蠧織羅士破膽白著民碎魄

詔書已晝下宿蠹或未革期公作醫和湯劑[illegible]絡脉

士生恨不用得位忍辭責併乞謝諸賢努力[illegible]

霽夜觀月

雲重真愁無散時可憐不柰一風吹清輝如此那休

得誰悞虛空作許癡

新夏感事

百花過盡緑陰成漠漠爐[illegible][illegible][illegible][illegible]晴病起兼旬踈把

酒山深四月始聞鶯近傳下[illegible][illegible]路已上餘年見

太平 聖主不忘初[illegible][illegible][illegible]有[illegible][illegible]黃

留題雲門草堂

小住初爲旬月期二年留滯〻
屬送客溪橋雪滿衣[illegible]夢[illegible]醉墨淋臥看叢畫
煙霏他年遊宦應無此早買[illegible]笑老歸

送韓梓秀才十八韻

束髮走場屋始得從君遊燈火都城夜風雨湖上秋
追隨不隔日巖壑窮探平聲搜摩挲石屋背攜兀閶門
舟酒酣耳頰熱意氣蓋九州夜臥相蹋語狂笑雜嘲
謳但恐富貴逼肯懷貧賤憂人事信難料百戰竟不
侯我老農圃間君落天南陬相逢會稽市戍〻[illegible]入
遭君從上都來儻逢舊朋儔我窮本天命於人寧有

求俱念侯君疾不知尚癡不君聞拊手笑[illegible]狂未
瘳共談平生舊只欲苦死留如何忽決去病[illegible]焉
由秋風墜桐葉漸霜把貂裘君聽馬蹄聲中有子畢
愁

送陳德邵宫教赴　行在二十韻

相從何必早白頭或如新登門雖尚疎數面自成親
昨者始見公凜然鬚如銀見席留煮茗寒廳無雜賓
平生事賢意寸心竭生塵甑[illegible]何所從貧病忘吟呻
恭惟大雅姿信是邦[illegible]善[illegible]官[illegible]之二紀轉[illegible]
恩仇快報復禍福出笑顰同

羣吏更得志後來如責蔣公公[illegible]
法宮親決事收召極[illegible]人人[illegible]雜沓公仕益遠[illegible]
欲以貴祝公公豈慕要津公[illegible]所託公公豈私賤貧
願欲述古誼勸公勿愛身[illegible]又公所存豈待賤子陳
高帆泊江渚歲晚風雨頻願言添衣裘寒陰能薄人

朱子雲園中觀花

我鬢忽已白君顏非復朱花前一杯酒不樂復何如
暮看枝上花已覺不如早富貴當及時吾輩奈何如
我歌君起舞竟日為君留安知花無情不解[illegible]
長安二三月花滿上林中祝君早得意歸[illegible]聰璁瓏

酬妙湛闍梨見贈妙湛能棊其師璘公善嘗與先君遊云

昔侍先君故里時僧中最喜老璘師高標無復鄉人識妙寄惟應弟子知山店煎茶留小語寺橋看雨待幽期可人不但詩超絶玉子紋枰又一奇

次韻魯山新居絶句二首

求得軒車心愧天不如窮処却陶然君看布衣尚可活那有日輿須萬錢

其二

短墻缺處插疎籬巷劣容車

賀坐中着我不妨奇

寄陳魯山

諸公貴人識面稀胷中瓘[illegible]琦璣即今舉手遮西日應有流塵化素衣舊學極知難少貶吾儕持此欲安歸夜來風雨空堂靜忽憶燈前語入微

其二

天下無虞國論深書生端合老山林平生力學所得處政要如今不動心舊友幾年猶短褐謫官萬里少來音願公思此寬覊旅靜勝炎曦豈易侵

戲題江心寺僧房壁

是時少方為簿永嘉

平陽驛梅

史君千騎駐霜天主簿孤舟吟不眠也與史君同快

意卧聽鼓角大江邊是夕析永嘉守亦宿此寺

泛瑞安江風濤貼然

俯仰兩青空舟行明鏡中蓬萊定不遠正要一帆風

平陽驛舍梅花

江路輕陰未成雨梅花欲過半沾泥遠來不負東皇

意一絶清詩手自題

度浮橋至南臺

客中多病廢登臨聞[illegible]臺[illegible]尋乞地余行愁[illegible]

上千艘橫繫大江心寺樓鐘

古今白髮未除豪氣在辞知上

出縣

忽忽簿領不堪論出宿聊賞[illegible]古魂稻壠牛行泥
活野塘橋壞雨昏昏槿籬[illegible]樂繞通徑竹筧分泉自
遍村歸計未成留亦好愁腸不用遶吳門

還縣

霽色清和日已長綸巾蕭散意差强飛飛鷗鷺陂塘
綠鬱鬱桑麻風露香南陌東村初過社輕裝小隊以
還鄉哦詩忘却登車去枉是人言作吏忙

雨晴遊洞宮山天慶觀坐間復雨

近水松篁鎖翠微洞天宫殿對清暉快晴似為酴醾

計急雨還妨燕子飛道士晝閑丹竈冷山童競[illegible]

苗肥拂牀不用勤留客我困丈書自怕歸

寄陳魯山正字

平生交遊中陳子我所敬初猶似豪舉晚乃抱淵靜

獨觀心地初皎若虛室鏡人知自渠事道行君有命

青衫二十年老色上鬚鬢偺然須收召瘦馬趁朝請

去聲 退食輒杜門不省求捷徑 用石渠書眥雌黃文未

定丌字猶恨曲朋宗[illegible] [illegible]百 試思之一[illegible]魯何

訂

航海動稱其敘



航海

我不如列子神遊御[illegible]　尚[illegible]　安石焦矣雲海
臥看十幅蒲彎彎若張弓潮　湧銀山忽復磨青銅
飢鶻掠船舷大魚舞虛空流落何足道豪氣蕩肺胸
歌罷海動色詩成天改容行矣跨鵬背彈節蓬萊宮

海中醉題時雷雨初霽天水相接也

羇遊那復恨奇觀有南溟浪蹴半空白天浮無盡青
吐吞交日月澒洞戰雷霆醉後吹橫笛魚龍亦出聽

溪行二首

蓬蒻鳴春雨帆蒲掛暮煙買魚尋近市覓火就隣船

愁臥醒還醉灘行卻復前長年殊可念力盡逆風牽

其二

冒雨牽何急爭風力不餘逢人問虛市計日買薪蔬

煙寺高幡出山畬一老鋤枕書醒醉裏短髮不曾梳

自來福州詩酒殆廢北歸始稍稍復飲至永嘉括蒼無日不醉詩亦屢作此事不可不記也

罇酒如江綠春愁抵草長但[illegible]閑一日便擬醉千場

柳弱風禁絮花殘雨漬[illegible]客[illegible]役役豈[illegible]

東陽道中

風欹烏帽送輕寒雨點春衫

句先安筆硯對溪山

東陽觀酴醿

福州正月把離杯已見酴醿壓架開吳地春寒花漸

晚北歸一路摘香來

送李德遠寺丞奉祠歸臨川

送騎擁東城煙帆如鳥輕道行端右命身隱更須名

旰食頻明主問沙暗舊京臨分一襟淚不獨爲交

情

送王主簿吏編修出佐南昌

玉殿求衣早鑾臺退食遲君看多故日寧是弃言詩
小作南州計方觀急詔追歸來上霄漢莫遣出[illegible]
送王龜齡著作赴會稽大宗丞二首
有越踰千載何人不宦游向來惟一范真足壯吾州
高躅今誰繼先生獨再留登堂弔興廢想像氣横秋
其二
大將上兵符軍容備掃除恭惟 陛下聖方采直臣
書忽報分司去還尋入幕初宗藩雖舊識莫遣得親
踈
送杜起莘殿院出守[illegible]寧

寄題天育二山

羽檄聯翩晝夜馳臣憂顧不[illegible]

議　陛下恩深不忍數白簡[illegible]裁撤[illegible]第一[illegible]

可前知平生所學今無有未歎還鄉兩鬢蒼綠

和曾待制遊兩山二首

翰林碑立崔嵬上待制詩題香靄間今天八萬四千

塔便合推爲第一山

右題育王山明月堂

疎鐘迎客到溪亭碧瓦朱欄相照明想得松陰掛蔦

蘿籃輿放處恰詩成

右題天童山宿鷺亭

尋石澗難到更幽玲瓏咫尺頻窮搜旁人不會當時
意爲父門生作伴遊
右題天童山更幽亭且以未到玲瓏爲
恨

雨中出遊夜歸

小雨南山路今朝思出遊難從子規請空遣竹鷄憂
野店寒饒柿煙津晚喚舟歸來對燈火未恨濕衣裘

謝李平叔郎中問疾

吏部朝回早幽人病始蘇過[illegible]一問訊[illegible]
緣瘦重裁帽因衰學染鬚投[illegible]數公[illegible]

一三

聞武均州報已復西京

白髮將軍亦壯哉西京昨夜捷書來胡兒敢作千年計天意寧知一日回　列聖仁恩深雨露中興赦令疾風雷懸知寒食朝陵使驛路梨花處處開

喜小兒輩到　行在

阿綱學書蚓滿幅阿繪學語鶯囀木截竹作馬走不休小車駕羊聲陸續書窗涴壁誰忍嗔啼呼覓棗也復可憐人卻思胡馬飲江水敢道春風無戰塵傳聞賊棄兩京走列城爭為朝廷守從今父子見太平花前飲水勿飲酒

送湯岐公鎮越



病起寄曾原伯兄弟

意象殊非昨，筋骸劣自持。衷如霜後木，愁摇鏡中絲。
風雪書來少，江山夢到遲。出門還惘惘，倚杖獨移時。

送湯岐公鎮會稽

吴越東西州，浙江限其中。黄屋高十丈，大舟凌虚空。
都人送留守，郡吏迎相公。江心波濤壯，帳下鼓角雄。
樂哉公何憾，庭論則未同。永懷前年秋，羣胡方會突。
閭左發荆北，戈船滿山東。舊盟顧未解，誰敢嬰其鋒。
公時立殿上，措置極雍容。凡驕將[illegible]是一[illegible]
舊勳與宿貴，屏氣聽指蹤。規[illegible]一朝[illegible]

求館中海棠

當時謂易耳未見回天功及[illegible]天眼[illegible]主[illegible]

天心佑社稷 主聖肖 祖宗[illegible]節皇孝[illegible]業[illegible]

遐衝

周洪道學士許折贈館中海棠以詩督之

娟娟柔條不自持更禁日炙與風吹仙家見慣渾閑

事乞與人間看一枝

送七兄赴揚州帥幕

初報邊烽照石頭旋聞胡馬集瓜州諸公誰聽芻蕘説

策不五畫空懷畎畝憂急雪打窗心共碎危樓望遠涕

俱流豈知今日淮南路亂絮飛花送客舟

游西湖

閏二月二十日遊西湖

西湖二月遊人稠鮮車快馬巷無留梨園樂工教坊優絲竹悲激雜清謳追逐下上暮始休外雖狂酲樂則不豈如吾曹淡相求酒肴取具非預謀青梅苦筍助獻酬意象簡樸足鎮浮尚愧一官自拘囚未免足馬從兩騶南山老翁亦出遊百錢自掛竹杖頭

劉太尉挽歌辭二首

羌胡志覆育師旅備非常南服更旄節中軍鑄印章馳書諭燕趙開府冠侯王赫赫[illegible]今何在明廷[illegible]似壽

其二

堅壁臨江日人疑制敵踈安[illegible]萬

智出常情表功如定計初云焰公者不留篋中書

過林黃中食柑子有感學宛陵先生體

博士得黃甘甚愛不忍擘持獻太夫人遠附海上船
故山饒氛霧可使酒杯窄豈無荔支好饜飫恐不摘
相去三千里無異娛旁側乃知母子意更遠未嘗隔
我昨往見君從容弄書冊藥分臘劑香茶泛春芽白
主意顧未厭筐筥自搜索敢謂甘旨餘亦及此下客
霜包纔三四氣可壓千百重是慈孝物不敢咄其核
甘寒雖適齒悲感已塡臆半生無歡娛初不爲遷阨

是時公在朝

玉牒所迎　駕望見周洪道舍人

自上河橋宅清談喜屢陪今年見騰蹕不恨老氣埃曉放宮門鑰霜彫輦路槐班回獨小立爲待繡韉來

送梁諫議

湖海還朝白髮生嬾隨年少事聲名極知憂國人誰及細看無心語自平歸訪鄉人忘位重寧辭言責覺身輕籃輿避暑雲門寺應過幽居聽水聲游有菴[illegible]在雲門溪泉遶屋諫議舊所愛賞

以石芥送劉韶美曹　劉比釀酒勁甚因以爲戲

古人重改陽城驛吾輩欣聞一
觴罇前且見魯諸生

其二

長安官酒甜如蜜風月雖佳嬾舉觴持送盤蘆還會
否與公新釀鬪詩方

出都

重入脩門甫歲餘又携琴劒返江湖乾坤浩浩何由
報犬馬區區正自愚緣熟且爲蓮社客伻來喜對草
堂圖西籍屋了吾且足高枕看雲一事無
曾原伯屢勸居城中而僕方欲自梅山入

雲門今日病酒偶得長句奉寄

借得僧房似釣船，兼旬散髪醉江天。酒能作病眞如此，窮乃工詩却未然。閑似白鷗雖自許，健如黄犢已無緣。秋高更欲移家去，先葺雲門屋數椽。

村居

富貴功名不擬論，且浮舴艋寄煙村。生憎快馬隨鞭影，寧作癡人記劒痕。樵牧相諳欲爭席，比鄰漸熟約論婚。晨春夜績吾家舊，正要遺風付子孫。

看山

小葺茅茨紫翠間，今年偷得[illegible]閑

曉且看西南一角山

夏夜泛舟書所見

山房猶復畏炎蒸長掩柴門媿老僧兩槳去搖東浦月一龕遥望上方燈驚飛宿鳥時呼侶騰起長魚有脫罾夜半歸來步松影畫成赤脚踏增氷

秋陰

陂澤秋容澹郊原曉氣清雨來鳩右語社近鷰無情拄杖扶腰痛漁舟照眼明普吟緣病輟隨意或詩成

盆池

門外江濤湧雪堆埋盆作沼亦何哉兒曹不解渠翁

覓酒

意新脫風波險處來

比從人覓酒皆酸薄戲作此詩

酒盡聊憑折簡求不知人要博涼州牆隅棄置空三歎露下螢飛奈此秋

買魚二絕句

卧沙細肋何由得出水纖鱗却易求一夏與僧同粥飯朝來破戒醉新秋

其二

兩京春薺論斤賣江上鱸魚不直錢斫鱠[illegible]屋雨牕喚起醉中眠

秋雨

漫道秋來雨那無一日晴只併高枕臥不放小窓明書冊頻開闔山瓢任濁清長年諳世味不是故逃名

晨起偶題

城遠不聞長短更上方鐘鼓自分明幽居不負秋來睡末路徧諳世上情大事豈堪重破壞窮人難與共功名風爐鍛鉢生涯在且試新寒芋糝羹

悲秋

煙草淒迷八月秋荒村絡緯戒衣裘道人大欠修行力平地閑生兩許愁

寄張員外舍人二首

諸公方袞袞無地著斯人萬里夔州守中朝禁省臣
孤帆秋上峽五馬曉臨春想見懷明主登臨白髮
新

其二

天上紫微省鶯花繞直廬逢時身鼎貴憂國鬢先疎
燕許元當畫牽聯也得書猶能下榻否擬上瀼西居

幽居

翳翳桑麻巷幽幽水竹居綢繆一撩[illegible]生人[illegible][illegible][illegible]
雨挾清砧急籬懸野蔓枯鄰[illegible]

十九

法寶璉師求竹軒

南軒竹色映谿光不減吾州[illegible]涼猶帶[illegible]孝昌亭少須君更爲築橫塘

欲遊五峯不果往小詩寄嵩老

東來恨不見湯休千首清詩儻許求要與茶山燈下讀莫令侍者作蝇頭 茶山老人謂省侍制

謝王彥光提刑見訪并送茶

邇英惟握舊儒臣月額荒山野水濱不怕當朝輕薄尹要令我識老成人驅[illegible]鼓轉東城莫酒引燈香一焚新遙想解酲須底物隆興第一壑源春

公作別駕時
在豫章

送查元章赴夔漕

柳色西門路看公上馬時亦知非久別不奈自感[illegible]

白髮劉賓客青衫杜拾遺分留端有待剩賦竹枝詞

逍遥

臺省諸公日造朝放慵別駕媿逍遥州如斗大真[illegible]

事日抵年長未易消午坐焚香常寂寂晨興署字[illegible]

寥寥時平更喜戈船靜閑看城邊帶雨潮

病中簡仲彌性唐克明蘇訓直

移疾還家暫曲肱依然耐久[illegible]燈心[illegible]

鴈[illegible]過僧細雨佩[illegible]

三

荒度小留莫厭時追逐勝社多

送王景文

張公遂如此海內共悲辛誰虜猶遺種皇天奪老臣
深知萬言策不愧九原人君直嘗奏策風雨淒亭暮寄書
淚滿巾

送呂彥升參進

楚塞蕭條久宿師參謀承詔上丹墀昌言到口直當
發聖度如天莫自疑萬里寄聲長不達一樽相屬
是前期遙憐霜曉朝衣冷深愧江城睡足時

無咎兄郡齋燕集有詩去章見及敬次元

韻

城樓畫角吹晚晴梅花墮地草欲生綺盤翠杓春滿眼我胡不樂君將行君歸吾黨共增氣往往怪我衰涕攬我來江干交舊少見君不啻河之清共風共愛地爐暖西日同賞油牕明微吟劇醉不知倦坐閱漢臘逾周正君文雄麗擅一世凛凛武庫藏五兵敵寒如我每自笑額辱刻畫為虛聲乃知好士如好色過合不必皆傾城君方與世作水鏡如此過許人將驚千金駿骨有定價周玉鄭鼠難　同名失言義罰不可纔敬白府主浮金觥君看失[illegible]星

三

詩情自傷但似路旁堠雨剝

次韻無咎別後見寄

平日杯行不解詞長亭況是送君時幾行零落僧窗字何限流傳樂府詩歸思恰如重醞酒歡情略似欲殘碁龍蛇飛動無由見坐愧文園屬思遲詩來累月乃能和答故云

晚泊慈姥磯下二首

山斷峭崖立江空翠靄生漫多來往客不盡古今情月碎知流急風高覺笛清兒曹笑老子不睡待潮平

其二

慈姥磯頭月纖纖照酒杯素秋風露重久客鬢毛催

宿鳥驚還定飛螢闔復開平生四方志老去轉悠哉

七月十四夜觀月

不復微雲滓太清浩然風露欲三更開簾一寄平生快萬頃空江着月明

夜宿陽山磯將曉大雨北風甚勁俄頃行三百餘里遂抵鵶翅浦

五更顛風吹急雨倒海翻江洗殘暑白浪如山潑入船家人驚怖篙師舞此行十日苦滯留我亦蕭蕭叢厭鳴艣書生快意輕性命十丈蒲帆百夫舉星馳電

三百里坡隴聯翩雜平楚船

湃

世間至味惟有
讀書老學菴

笛禍鼉鼓豈惟彭湃震山嶽乃[illegible]

草木盡靡水鳥號鳴集洲渚[illegible]首龍公說風伯下

區未禱煩神許應知老去負壯心戲遣窮途出豪語

望江道中

吾道非耶來曠野江濤如此去何之起隨烏鵲初翻

後宿及牛羊欲下時風力漸添帆力健艣聲常雜雁

聲悲晚來又入淮南路紅樹青山合有詩

秋夜讀書每以二鼓盡爲節

腐儒碌碌歎亡奇獨喜遺編不我欺白髮無情侵老

境青燈有味似兒時高梧策策傳寒意疊鼓鼕鼕迫

知味之

豫章高安本同

一部

睡期秋夜漸長飢作粥一杯山藥進瓊糜

往在　都下時與鄒德章兵部同居百官
宅無日不相從僕來佐豫章而德章亦謫
高安感事述懷作歌奉寄

巷陌蒼苔秋月明東家西家讀書聲官閑出局各無
事冷落往往思同盟出門相尋索一笑亦或邂逅因
俱行黃中撒髯再語激烈韶美堅坐書縱橫予亦清言
喜置酒赤梨綠柿相扶敲寒燈耿耿地爐煖宮門鼠
順聞踈更故交一作霜葉散[illegible]已付火上毫豐兩窮
相遭世界有我與鄒子俱南[illegible]

帆起梔無三程簿書來案不[illegible]

明年君歸我亦去早卜三畝開[illegible]荆軟紅舊路莫尋

躡二升脱粟同煨鐺

寄荅綿州楊齊伯左司

石碏落人爲石碏落州滕王閣望越王樓欲遷夢去直廬

語頗有詩來寬旅愁我亦一官書紙尾君行千騎試

遨頭遥知小寄平生快春酒如川名萬牛

送全州趙都曹

霜葉無停聲脂車有行色正悲南浦秋又送清湘客

啼飢見頰紅待養親髮白努力事上官世路日已迫

[illegible]窮有五奇窮以

云離平生習氣[illegible]

信乎夢緣相生

病中作

豫章瀕大江氣候頗不令孟冬風薄人十室八九病外寒客肺胃下溼攻脚脛俗巫醫不藝嗚呼安託命我始屏藥囊治疾以清靜幻妄消六塵虛白全一性三日體遂輕成此不戰勝長年更事多苦語君試聽

夜夢從數客雨中載酒出遊山川城闕極雄麗云長安也因與客馬上分韻作詩得游字

有酒不謀州能詩自勝侯但須[illegible]繫日安用地埋憂射雉侵星出看花秉燭遊殘[illegible]悵濕貂

二四

肅

咸淳陳魏公

亦洪州郡丞日作

去年予佐京口過一　魏公書

過焉魏公道免相喜（亦嘗守襄陽道扇）

書報魏公巳葬衡山感歎不巳因用所遺

拄頰亭詩韻奉寄

河亭挈手共徘徊萬事寧非有數哉黃閣相君三黜

去青雲學士一麾來中原故老知誰在南嶽新丘共

此京火冷夜窻聽急雪相思時取[illegible]書開

自詠示客

衰髮蕭蕭老郡丞洪州又看上元燈羞將柱直分尋

尺寧走東西就斗升吏進飽誦箝紙尾客來苦勸摸

牀稜歸裝漸理君知否笑指廬山古澗藤廬山僧近寄藤杖甚奇

醉中歌

吾少貧賤眞臞儒貪食嗜味老不除折贅歛版日走趨歸來聊以醉自娛長鋏巨榼羅杅盂不須漁翁勸三閭牛尾膏美如凝酥蟹頭輸囷欲專車黃雀萬里行頭顱白鵝作鮓天下無汾陽糖蟹徑尺餘吾州之蓴尤嘉蔬珍盤飣餖百味俱不但項臠與腹腴悠然一飽自笑愚顧爲口腹勞形軀投劾行矣歸園廬莫厭糲飯嘗黃葅

寄陶茂安監丞

永州太守鬢毛殘矍鑠猶能[illegible]上雖思[illegible]

蘄隱居士可掛衣冠功名夢　几非實哥舞山舊

自寬也勝鍾陵第別駕閑門無客遣憂端

燒香

茹芝却粒世無方隨食江湖毋自傷千里一身鳧泛

泛十年萬事海茫茫春[illegible]歹鄉夢憑誰說歸去　君恩

未敢忘一寸丹心幸無愧庭空月[illegible]夜燒香

寒食臨川道中

百卉千花了不存墮溪飛絮看無痕家人自作清明

節老子來穿綠暗村日落啼鴉隨野祭雨餘荒蔓上

頹垣道邊醉飽休相避作吏堪羞甚乞墦

上巳臨川道中

二月六夜春水生陸子初有臨川行溪深橋斷不得渡城近卧聞吹角聲三月三日天氣新臨川道中愁殺人纖纖女手桑葉綠漠漠客舍桐花春平生怕路如怕虎幽居不省遊城府窮軀苦瘦坐長飢龜息無聲惟默數如今自憐還自笑斂版低心事年少儒冠未恨終自誤刀筆最驚非素料五更歎枕一悽然夢裏扁舟水接天紅蕖綠芰梅梅白塔禹廟

寄別李德遠二首

蕭蕭風雨臨川驛邂逅連床話疾呼索飯療朝飢皆記前相從時事卽今明月共千里已占深林巢一枝惜别自嫌兒女態夢騎羸馬度芳陂德遠所居名秋陂

其二

李侯不恨無貴交陸子要須錢買山出牧君當千里去歸耕我判一生閑中原亂後儒[illegible]替黨禁興來士氣孱復古主盟須老手勉追慶曆數公間

初夏道中

桑間葚熟麥齊腰鶯語惺憁野雉驕日薄人家曬蠶

子雨餘山客買魚菑豐年隨處俱堪樂行路終然不
自聊獨喜此身強健在又搖團扇着絺蕉

示兒子

父子扶携返故鄉欣然擊壤詠陶唐墓前自誓寧非
隘澤畔行吟未免狂雨潤丘隴看洗竹霜清南陌課
剗桑秋毫何者非君賜[illegible]首脩門敢遽忘

重五同尹少稷觀江中競渡

楚人遺俗閱千年簫鼓喧呼鬪畫船風浪如山鮫鰐
橫何心此地更爭先

過玉山辱芮國器見

詩兼呈韓無咎右司

遼東歸老白儒衰名字何堪溷[illegible]聞便謂眞公長[illegible]闊不知留語故慇懃詩章有便猶應寄祿米無多切莫分舊見檢詳傳甚薄故有此戲儻見右司煩說似每因風月愴離羣

隨意

隨意上漁舟幽尋不豫謀清溪欣始泛野寺憶前游豐歲鷄豚賤霜天柿栗稠餘生知有幾且置萬端憂

寄龔實之正言

臺省諸公歲歲新平生敬慕獨斯人山林不恨音塵

窮山深村也 本此

遠夢寐時容笑語親學道皮膚雖脫落憂時肝膽尚
輪囷至和嘉祐須公了乞向升平作幸民

遊山西村

莫笑農家臘酒渾豐年留客足雞豚山重水複疑無
路柳闇花明又一村簫鼓追隨春社近衣冠簡朴古
風存從今若許閑乘月拄杖無時夜叩門

觀村童戲溪上

雨餘溪水掠堤平閑看村童戲晚晴竹馬踉蹡衝淖
去紙鳶跋扈挾風鳴三冬暫就儒生學（村人惟冬[illegible]遣見童入小學）千耦還從父老耕識字粗堪[illegible]須辛苦慕公卿

可謂曲盡景物

公卿

雨霽出遊書事

十日苦雨一日晴拂拭拄杖西村行清溝泠泠流水細好風習習吹衣輕四鄰蛙聲已閤閤兩岸柳色爭青青辛夷先開半委地海棠獨立方傾城春工遇物初不擇亦秀燕麥開蕪菁薺花如雪又爛熳百草紅紫那知名小魚誰取置道側細柳穿頰危將烹欣然買放寄吾意草萊無地蘇疲氓

殘春

殘春醉着釣魚菴花雨蒙人落半巖豈是天公無皂

公丹家園

自獨悲世俗異酸鹹安身猶夢行當覺談口如狂未易緘已作沉舟君勿歎年來何止閱千帆

家園小酌二首

旋作園廬指顧成柳陰已復着啼鶯百年更把幾杯酒一月元無三日晴鷗鷺向人殊耐久山林與世本無營小詩漫付見曹誦不煩韓公說有聲

其二

滿林春筍生無數竟日鸕鷀來百回衣上塵埃負一洗酒邊懷抱得頻開池魚往者[illegible]奇禍土樑燕[illegible]爭散林世事紛紛心本嬾閑門[illegible]扣

劍南詩稿卷二　二九

馮賀何梳中鴻
賀之



寄王嘉叟吏部

宿負煩公議，隆寬荷聖時。江湖真送老，藥餌且扶衰。觸事驚年往，懷人有夢知。敢嗟貧到骨，飲水誦君詩。嘉叟有漁隱堂詩

夜讀隱書有感

平生志慕白雲鄉，俯仰人間每自傷。倦鶴摧頹常望料，寒龜蹙縮且支床。力探鴻寶尋方訣，剩采青精識祕方。常鄙瞿仙老山澤，要令仰首看飛翔。

上虞逆旅見舊題歲月感懷

舴艋為家東復西，今朝破曉下前溪。青山缺處日初

舜廟

題登瀛圖

上孤店開時鶯亂啼倦枕不成千里夢壞墻開覓十年題潦園傲吏猶非達物我區區豈足齊

舜廟懷古

雲斷蒼梧竟不歸江邊古廟鎖朱扉山川不為興亡改風月應憐感槩非孤忠有時鶯喚夢斜風無奈客添衣千年回首消磨盡輸與漁舟送落暉

題十八學士圖

隋日昏曀東南傾雷塘風吹草木腥平時但忌黑色兒不知乃有虬髯須生晉陽龍飛二儀清萬里即日平東征歸來脫金甲天策[illegible]又參壽青閣畫[illegible]

衆賢一佞可謂至論

永濟書鐔履光彩明華星高

氣猶崢嶸但餘一恨到千載

得志國幾喪李氏誅徙連孤嬰向令亟念履霜戒危

亂安得存勾萌衆賢一佞䟽尚爾擯卷滯湲臨風橫

統分稻晚歸二首

出裹一簞飯歸收百把勤勞解堪忍餘暇更吟哦

歲惡增吾困家貧賴汝多村醪莫醉藁草學嵯峨

是日作芋羹

其二

薄酒不自酌夕陽須汝歸橘包霜後美豆莢雨中肥

路遠應加飯天寒莫減衣老懷憂自切道眼看皆非

衰病二首

衰病不浪出閑門煙雨中葺袍添絮暖爇火試爐紅湖村采老葑作火甚妙仕宦螳窠夢功名馬耳風山翁但更事人看作神通

其二

病除猶老健雨止得冬晴覓句嗟心在鈔書試眼明朝寒添布褐晚步出柴荆外慕終無益兒曹且力耕

霜風

十月霜風吼屋邊布裘未辦一[illegible]飢索鄰僧

甚十月清蕭

米貴是實無坐客氈身老蠹書同[illegible]負寄甚過
凶年丈夫經此寧非福破涕啓[illegible]一粲然

小酌

樂著貧猶設杯盂老更耽宗文樹雞柵靈照挈蔬籃
輕醉眼花亂高眠鼻息酣覺來寒日晚落葉擁茆庵

十月苦蠅二首

村北村南打稻忙浮雲吹盡見朝陽不宜便作晴明
看撲面飛蠅未退藏

其二

十月江南未擁爐癡蠅擾擾莫嫌渠細看豈是堅牢

重用意

物付與清霜爲掃除

丫頭巖見周洪道以進士入都日題字

烏巾白紵蹋京塵瑶樹瓊林照路人西省歸來名蓋代兩行墨色尚如新

獨學

師友彫零身白首杜門獨[illegible][illegible]誰評秋風棄扇知安命小炷留燈悟養生踵息無聲酣午枕舌根忘味美晨烹少年妄起功名念豈信自有閑心太平黃庭經閑暇無事心太平

霜月

枯草霜花白寒窗月影新蘺[illegible]人[illegible]隨人

觀上人詩則非
又不可不凡



出仕讒銷骨歸耕病滿身世間

又勸冠巾

寄黃龍升老

讀書萬卷裂儒衣黃金可成棄不爲使哉天馬不可覊開口便呼臨濟兒諸方蹴蹋莫支持吾州一老偶得之（升嗣佛智裕公）閑門夜付僧只[illegible]明日聲價羽檄馳弟子不必不如師黃龍所[illegible]元現奇空山鬼火號狐狸築屋千礎食萬緇凝人不解公遊嬉嫉怒欲碎門前碑世衰道喪士自欺山林亦復戕駭機長謡寄公公試思吾輩救此當何施

贈進賢劉令

題可齋

簿領塵埃裏超然見鳳麟性踈忘顧忌學大有經綸正論雖頻接高標豈易親向來相識晩吾黨欠斯人

書室名可齋或問其義作此告之

得福常廉禍自輕坦然無媿亦無驚平生祕訣今相付只向君心可處行

寄訓楊齊伯少[illegible]

楊卿人材金百鍊岐公座上初識面十年萬事不須説猶喜歸來且強健題詩想見初削瓜寄到茅堂已歸燕辭嚴意密敢輕讀呼兒炷[illegible]重把卷即今相望幾千里何日蟬聯語忘倦就[illegible]書豈如無

事長相見

新刊劍南詩稾卷第一

# 新刊劍南詩稾卷第二

山陰陸　游　務觀

## 自笑

自笑平生醉後狂千鍾使氣少年塲那知病葉先摧落却羡寒龜巧縮藏藥物久時希老健山家隨日了窮忙凶年坐待新春麥莫厭清吟雪夜長

## 夜聞松聲有感

清晨放船落星石大風吹帆如箭激回頭已失廬山雲却上吳城觀落日夜深龍鰐[illegible]祠門入木數寸留爪痕明朝就視心尚慄腥風[illegible]歸船買酒

持自慰性命平生驚屢戲固知[illegible]一時波紋蹙

作魚鱗細如今衰病卧林坰雷[illegible]衣茆簷月滿庭松聲

驚破三更夢猶作當時風浪聽　予丙戌七月自京口移官豫章冒風濤自星子解舟不半日至吳城山小龍廟

十二月一日二首

病愈都忘老晴和已似春畦蔬青長甲塘水綠生鱗

酒盌論交密丹爐作夢新　近治丹藥　窮居那敢恨幸遠庾公塵

其二

東風吹斗柄暖律變嚴凝草色迷殘燒溪流帶斷氷

作詩作文須是

易簡而剩

孏

兒書春日勝女翦上元燈甚奕蒲龕睡山翁悵歲增

春日二首

老夫一卧三山下兩見城門送土牛貧舍春盤還草草暮年心事轉悠悠湖光漲綠分煙浦柳色搖金映市樓藥餌及時身尚健無災無雨且閑遊

其二

又拋朝幘孏重彈華髮蕭然二十冠不恨凄涼侵晚境猶能語笑向春盤銀盃酒色家家綠蒻笠輕裘處處寬一片梅花無復在却嫌新[illegible]餘寒

僧房假榻

過盡青山喚渡船晚窻洗脚卧
願更結來生熟睡緣吞啄漸稀衰老鶴鳴聲已斷餓
寒蟬旁觀莫笑嘲癡鈍此妙吾宗祕不傳

聞雨

慷慨心猶壯蹉跎鬢已秋百年殊鼎鼎萬事秖悠悠
不悟魚千里終歸貉一丘夜闌聞急雨起坐涕交流

休日有感

少年從宦地休日喜無涯坐上強留客街頭旋買花
開軒催汛掃脫帽共喧譁村巷朋遊絕逢春秖自嗟

題徐子禮宗丞自覺齋

末俗紛紛只自謾惟公肯向靜中觀問看此事從何得正自宅人着力難茶熟松風生石鼎香殘雲縷遶蒲團江湖多少凝禪衲蹋破青鞵覓話端

送張叔潛編修造朝四首

此士名高北斗南眼中獨許我同參忽忽却作臨分恨一月何曾笑二三

其二

簡牘清閑勝校讎題詩應肯寄夔州東廚羊美聊堪飽北面鈴稀莫強愁東廚密院[illegible]也烹羊最珍北面房行邊事每[illegible]至則知有警

其三

說果之作甚固矣

北牕銅碾破雲腴搿腹脩然一
吏正須魚貫看胡奴（院吏視麾下每軍中解降胡至密以屬官先見之）

其四

苦膺年來漸嬾穿閉門日日日高眠今朝出送張夫
子借得南鄰放鴨舡

有感

雲巘重重不易尋庖厨性命走出林但令有月同幽
夢更用何人識苦心流輩漸稀知死近鬢毛無色覺
愁侵平生自許忘情者頗怪燈前感㮣深

澗松

將赴官夔府

自南昌免五年

於律召

夔民多癭

藥出山來爲小草楸成樹後困長藤澗松鬱鬱何勞歎却是人間奈廢興

將赴官夔府書懷

病夫喜山澤抗志自年少有時緣飢寒出㕥鶴料亦嘗廁朝紳退懦每自笑正如怯酒人雖愛不敢釂一從南昌免五歲嗟不調朝廷每哀矜慎府誤辟召終然斂孤迹萬里遊絶徼民風雜莫傜封域近無詔淒凉黃魔宮峭絶白帝廟又嘗聞此邦野陋可嘲誚通衢舞竹枝譙門對山燒浮亡一夢耳何者可憂弔但愁癭纍纍把鏡羞自照夔民十貝

送芮國器司業二首

此心知我豈非天雙鬢皤然氣浩然曾見廣寒宮闕底真能山立萬夫前洛城霜重聽宮漏霅水雲深著釣船拈起吾宗安樂法人生何處不隨緣

其二

往歲淮邊虜未歸諸生合疏論危機人材衰靡方當慮士氣崢嶸未可非萬事不如公論久諸賢莫與衆心違還朝此段宜先及豈獨遺經賴發揮

春陰

春風浩蕩作春陰弱燕歸來不自禁白塔昏昏纔半

露青山淡淡欲平沉裘茸細雨初驚溼屐夜齒新泥忽

已深直怕樓高生客恨不因病起倦登臨

投梁參政

浮生無根株志士惜浪死雞鳴何須人推枕中夕起

游也本無奇腰折百僚底流離鬢成絲悲咤淚如洗

殘年走巴峽辛苦爲斗米遠衝三伏熱前指九月水

回首長安城未忍便萬里袖詩叩東府再拜求望履

平生實易足名幸汙黃紙但憂死無聞功不掛青史

頗聞匈奴亂天意殄蛇豕何[illegible]嫖姚師大刷渭橋恥

士各奮所長儒生未宜鄙覆氈[illegible]寒墮指

宿楓橋

七年不到楓橋寺客枕依然半夜鍾風月未須輕感
慨巴山此去尚千重

晚泊

半世無歸似轉蓬今年作客又到巴東身遊萬死一生
地路入千峯百嶂中鄰舫有時來乞火叢祠無處不
祈風晚潮又泊淮南岸落日啼鴉戍堞空

金山觀日出

繫船浮玉山淸晨得奇觀日輪擘水出始覺江面寬
遙波蹙紅鱗翠靄開金盤光彩射樓塔丹碧浮雲端

李翰林墓

詩人窘筆力但詠秋月寒何當羅浮望湧海夜未闌

弔李翰林墓

飲似長鯨使吸川思如渴驥勇奔泉客從縣令初何有醉忤將軍亦偶然駿馬名姬如昨日斷碑喬木不知年浮生今古同歸此回首栢公亦故阡栢盧冢亦在當塗

雨中泊趙屯有感

歸燕羈鴻共斷魂荻花楓葉泊孤村風吹暗浪重添纜雨送新寒半掩門魚市人煙橫慘澹龍祠簫鼓鬧黄昏此身且健無餘恨行路雖難莫更論

黄州

黃州 武昌

局促常悲類楚囚遷流還數學
恨天意無私草木秋萬里羈愁添白髮一帆寒日過
黃州君看赤壁終陳迹生子何須似仲謀

武昌感事

百萬呼盧事已空新寒擁褐一衰翁但悲鬢色成枯
草不恨生涯似斷蓬煙雨凄迷雲夢澤山川蕭瑟武
昌宮西遊處處堪流涕撫枕悲歌興未窮

夜思

露泣啼螿草潮生宿鴈汀經年寄孤舫終夜託丘亭
楚澤無窮白巴山何處青四方男子事不敢恨飄零

哀郢二首

遠接商周祚最長北盟齊晉勢爭強章華歌舞終蕭瑟雲夢風煙舊莽蒼草合故宮惟鴈起盜穿荒冢有狐藏離騷未盡靈均恨志士千秋淚滿裳

其二

荆州十月早梅春徂歲眞同下阪輪天地何心窮壯士江湖從古著羇臣淋漓痛飲長亭暮慷慨悲歌白髮新欲弔章華無處問廢城霜露溼荆榛

江陵道中作

山川雜吳楚氣候接秋冬冬水落

石首



鄉遥歸夢短酒薄客愁濃白帝

石首縣雨中繫舟戲作短歌

庚寅去吳西適楚秋晚孤舟泊江渚荒林月黑虎欲行古道人稀鬼相語鬼語亦如人語悲悲楚國繁華非昔時章華臺前小家住茅屋雨漏秋風吹悲哉秦人眞虎狼欺侮六國因侯王亦知興廢古來有但恨不見秦先亡開窻酹汝一杯酒等爲亡國秦更醜驪山冢破已千年至今過者無傷憐

初寒

舩尾寒風不滿旗江邊叢祠常掩扉行人畏虎必晨

起舟子捕魚多夜歸茅葉飜飜帶宿雨葦花漠漠弄斜暉傷心到處聞砧杵九月今年未授衣

醉歌

老夫檣竿插蒼石水落岸沙痕數尺江南秋盡未搖落槲葉離離楓葉赤楚人自古多悲傷道傍行歌猶感激野花碧紫亦滿把澗果青紅正堪摘客中得酒薄亦好江頭爛醉真不惜千古興亡在目前鬱鬱關河含瞑色飢鴻垂翅掠舟過此意眞與我同悽惻三撫闌干恨未平月明正照頹烏幘

秋風

秋風吹客檣節物歎遐方歲事

霜清漢水綠日落楚山蒼此去巴路無復亦斷腸

塔子磯

塔子磯前艇子橫一窓秋月爲誰明青山不減年年恨白髮無端日日生七澤蒼茫非故國九歌哀怨有遺聲古來撥亂非無策夜夜潮平意未平

重陽

照江丹葉一林霜折得黃花更斷腸商略此時須痛飲細看宮畔過重陽

早寒

公安

沔鄂猶殘暑荆巫已早寒潦收灘正白霜重葉初丹節物元非惡情懷自鮮歡暮年吏世事唯有醉江干

## 公安

地曠江天接沙隤市井移避風留半日買米待多時蝶冷停蔬葉鷗馴傍艛枝古人勳業地搔首歎吾衰

縣有呂子明舊城

## 沙頭

游子行愈遠沙頭逢暮秋孫劉鼎足地荆益犬牙州鼓角風雲慘江湖日夜浮此生[illegible]來[illegible]高枕看東流

## 大寒出江陵西門

出江陵

江夏

平明羸馬出西門，澹日寒雲久去醒。重裘藏手取微溫，紛紛狐兔涂莽，點點牛羊散。遠村不爲山川多感慨，歲窮游子自消亮。

江夏與章冠之遇別後寄贈

騎鶴仙人不可呼，一樽猶得與君俱。亦應湖海無豪士，長恨乾坤有腐儒。壯歲光陰隨手過，晚途衰病要人扶。淒涼江夏秋風裏，況見新豐舊酒徒。

題江陵村店壁

青旆三家市，黃茅十里岡。蓬飛風浩浩，塵起日茫茫。馳騁多從獸，鉏耰少破荒。行人相指似，此路走音奏襄陽

馬上

燈前薄飫陳鹽齏帶睡強出行江隄五更落月移樹影十月淸霜侵馬蹄荒陂唈唈巳度鴈小市喔喔初鳴雞可憐萬里覔歸夢未到故山先自迷

水亭有懷

漁村把酒對丹楓水驛憑軒送去鴻道路半年行不到江山萬里看無窮故人草詔九天上老子題詩三硤中笑謂毛錐可無恨書生處處與卿同

移舩

沙際舟銜尾相依作四鄰暮

將離江陵

祈竹占行日吹簫賽水神無

將離江陵

暮春過渡頭旦旦走隄上舟人與關吏見熟識顏狀癡頑久不去常恐遭誚讓昨日倒檣干今日聯百丈買薪備雨雪儲米滿瓶盎月當遂去此障袂先側望即今孟冬月波濤幸非壯潦收出奇石霧卷見疊嶂地嶮多崎嶇峽束少平曠從來樂山水臨老愈跌宕皇天憐其往擇地令自放山花白似雪江水綠於釀竹枝本楚些妙句寄悽愴何當出清詩千古續遺唱

六言

三巴亦有何好萬里翩然獨尋本意爲君説破消磨夢境光陰

江上

江上霜寒透客衣閉牕羸卧不支持羈孤形影真相弔衰颯頭顱巳可知潦縮穩經行雨峽竹踈賸見掛猿枝清淌樽可置須勤醉莫望功名老大時

旅食

霜餘漢水淺野逈朔風寒炊黍香浮甑烹蔬緑映盤心安失麤糲味美出艱難惟[illegible][illegible]捐日無書得縱觀

滄灘

此係上峽第一灘

松滋

即故隱不謂有



百夫正讙助鳴艣舟中對面

讙惟聞百丈轉雨車嘔嘔啞啞一轉急舟已在沙

際立霧斂蘆村落照紅雨餘漁舍炊煙溼故鄉回首

已千山上峽初經第一灘少年亦慕宦遊樂投老方

知行路難

松滋小酌

西遊六千里此地最淒涼騷客久埋骨巴歌猶斷腸

風聲撼雲夢雪意接瀟湘萬古茫茫恨悠然付一觴

晚泊松滋渡口二首

此行何處不艱難寸寸強弓且旋彎縣近歡欣初得

耳不易滿寸工

喜遷亨

荆門

菜江回徙倚忽逢山縶舩日落松滋渡䟦馬雲埋灩澦關未滿百年均是客不須數日待東還

其二

小灘拍拍鸕鷀飛深竹蕭蕭杜宇悲一有鏡不堪衰病後縶舩最好夕陽時生涯落魄惟躭酒客路蒼茫自詠詩莫問長安在何許亂山孤店是松滋

荆門冬夜

常飢龜老欲無腸卧聽寒更自短長香椀得閑聊作伴酒杯因病頗相忘有情窻罅一通月耐冷觴枝叅得霜歷盡風波知險阻平生

下牢溪游三〻游
洞在峡州北諸
畫工〻〻高哉
只而後很畫筆
〻来精觀其
标畫是以作

繫舟下牢溪游三卄

舊觀三峽圖常謂非人情意易壤間豈有此崢嶸
畫師定戲耳聊欲窮丹青西游過沔鄂莽莽千里平
昨日到峽州所見始可驚乃知畫非妄卻恨筆未精
及茲下牢夜峯嶂畢自呈下入裂坤軸高騫插青冥
角勝多列峙擅美有孤撐或如釜上甑或如坐後屛
或如倨而立或如喜而迎或深如螺房或踈如窗櫺
峩巍冠冕古婀娜髻鬟傾其間絶出者虎搏蛟龍獰
崩崖凜欲墮脩梁架空橫懸瀑瀉無底終古何時盈
幽泉莫知處但聞珩珮鳴怪怪與奇奇萬狀不可名

大三卅

胡床一稱繩床

鼪

又聞三游洞疾走忘病嬰竇穴初漆黑傴僂捫壁行方虞觸蟄蛇俯見一點明扶援困僮奴恍然出瓶罌穹穹廈屋寬滴乳成微泓題名歐與黃雲蒸蒼蘚平穿林走驚麕拂面逢飛鼪息倦盤石上拾樵煮茶鐺長嘯荅谷響清吟和松聲辭卑不堪刻猶足寄交生

三游洞前巖下小潭水甚奇取以煎茶

苔徑芒屩滑不妨潭邊聊得據胡床巖空倒看峯巒影磵遠中含藥草香汲取滿瓶牛乳白分流觸石珮聲長囊中日鑄傳天下不是名泉不合嘗

扇子峽山腹有草門

俗人居也

絶境慰人心誰家住玉岑亂雲奔寶窟雪灑

高閣臨空谿孤亭隱邃深定知非俗士嬴急不容尋

蝦蟇碚

不肯爬沙桂樹邊朶頤千古向巖前巴東峽裏最初

峽天下泉中第四泉䨥雪飲氷疑換骨掬珠弄玉可

忘年清游自笑何曾足疊鼓鼕鼕又解船

黄牛峽廟

三峽東江流崖谷互吐納黄牛不負重雲表恣蹴蹋

吴船與蜀舸有請神必答誰憐馬遭耶百歲創未合

夷陵

柂師浪奔走亭墩陳酒榼紛然餕神餘羮爭嘬噪
空庭多落葉日暮聲颯颯奇文粲可辨高古篆籀雜
村女賣秋茶簪花髻鬟匝襁見着背上帖妥若在榻
山寒雪欲下虎出門早闔我行忽至此臨風久嗚唈

過夷陵適值祈雪與葉使君清飲談詰者

舊游既行舟中雪作戲成長句奉寄

巴楚夷陵酒最醇使君風味更清真少年恨不從豪
飲薄宦那知託近隣本擬笙歌娛病客却催雨雪濕
行人朝來凍手題詩寄莫笑欹□字不勻

泊虎頭灘下

入馬肝峽

難

大舟已泊燈火明小舟猶行間　詹虎臣
横人生實難君勿輕

過東濡灘入馬肝峽

書生就食等奔逃道路崎嶇信所遭船上急灘如退
鷁人緣絶壁似飛猱口誇峯嶺青千疊心憶平波緑
一篙尚猶勝溪丁絶輕死無時來往駕舸艚（峽中小船謂之舸艚）

新安驛

孤驛荒山與虎隣更堪風雪暗南津羇遊如此眞無
策獨立悽然默愴神木盎汲江人起早銀釵簇髻女
粧新蠻風弊惡蛟龍横未敢全誇見在身

秭歸

歸[illegible]州

秭歸醉中懷都下諸公示坐客

長謠爲子說天涯四座聽歌且勿譁蠻俗殺人供鬼祭敗舟觸石委江沙此身長是滄浪客何日能爲飽暖家坐憶故人空有夢尺書不敢到京華

憩歸州光孝寺寺後有楚冢近歲或發之得寶玉劍佩之類

秭歸城畔躡斜陽古寺無僧晝閉房殘珮斷釵陵谷變苔茅架竹井閭荒虎行欲與人爭路猿嘯能令客斷腸寂寞倚樓搔短髮剩題新[illegible]

飲罷寺門獨立有感

巴東

一邑無平土邦人例得窮[illegible]

今古欄干外悲驩酒醆中三巴[illegible]

州有屈大夫及明妃祠

泛溪船至巴東

溪船莫嫌窄船窄始相宜兩槳行何駛重灘過不知

荒村寇相縣破屋屈平祠不奈新愁得啼猿掛冷枝

巴東遇小雨二首

暫借清溪伴釣翁沙邊微雨溼孤蓬從今詩在巴東

縣不屬灞橋風雪中

其二

寇公少時曾
宰巴東作
秋風亭

西遊萬里亦何爲欲就騷人乞棄遺到此宛然詩不
進始知才分有窮時

秋風亭拜寇萊公遺像二首

江上秋風宋玉悲長官手自葺茅茨人生窮達誰能
料蠟淚成堆又一時

其二

豪傑何心後世名材高遇事即崢嶸巴東詩句澶州
策信手拈來盡可驚

巴東令廨白雲亭

寇公壯歲落巴蠻得意孤亭樹影間常倚

巫山廟

水不安四壁怕遮山遺民雖盡會能說老
愛閑正使官清貧至骨未妨留與聽潺潺

謁巫山廟兩廡碑版甚衆皆言神佐禹開
峽之功而詆宋玉高唐賦之妄予亦賦詩
一首

真人翳鳳駕蛟龍一念何曾與世同不爲行雲求弭
謗那因治水欲論功翱翔想見虛無裏毀譽誰知溷
濁中讀盡舊碑成絕倒書生惟慣諂王公

聞猿

瘦盡胸圍不爲詩良辰流落自成衰也知客裏偏多

瞿唐

勢裏人玩石

村水之

感誰料天涯有許悲漢塞角殘人不寐渭城歌罷客
將離故應未抵聞猿恨况是巫山廟裏時

瞿唐行

四月欲盡五月來峽中水漲何雄哉浪花高飛暑路
雪灘石怒轉晴天雷千艘萬舸不敢過篙工柂師心
膽破人人陰拱待勢衰誰敢輕行犯奇禍一朝時去
不自由山腹只有沙痕留君不見陸子歲暮來夔州
瞿唐峽水平如油

入瞿唐登白帝廟

曉入大谿口是爲瞿唐門長江從蜀來日

白帝

兩山對峙崔嵬勢如塞乾坤峭壁空仰視欲

禹功何巍巍尚覩鐫鑿痕天不[illegible]斯人人皆化魚黿

於時仲冬月水各歸其源灩澦屹中流百尺呈孤根

參差層巔屋弃人迯公孫力戰死社稷宜享廟貌尊

丈夫貴不撓成敗何足論我欲伐巨石作碑累千言

上陳躍馬壯下斥乘騾昏雖慚豪偉詞尚慰雄傑魂

君王昔玉食何至歆雞豚願言采芬蘭舞歌酌清樽

登江樓

已過瞿唐更少留小船聊繫古夔州（瞿唐關即唐夔州也）簿書

未破三年夢杖屨先尋百尺樓日暮雪雲迷峽口歲

瞿唐關即唐

夔州是時今

窮畬火照關頭野人不解微官縛罇酒應來此散愁

雪中卧病在告戲作

面裂愁出門指直但藏袖誰云三峽熱有此凛冽候殷勤愧雪片飛舞爲我壽方驚四山積已見萬瓦覆豈惟寒到骨遂覺疾在膝地爐熾薪炭噤坐連昏晝梅花眞強項不肯落春後俗人愛桃李苦道太疎瘦清芬終見賞此事非速售已矣吾何言高枕聽簷溜

雪晴

臘盡春生白帝城春饑雖薄勝[illegible]耕眼前但[illegible]月少身外元知得喪輕日枕滿[illegible]竹影雲

烏聲苦夜莫道風情減憶向燈花信爲今

王笈齋書事二首

莫笑新霜點鬢鬚老來却得少工夫晨占上古連山易夜對西眞五嶽圖叔夜曾聞高士嘯孔賓豈待異人呼眉間喜色誰知得今日新添火四銖

其二

雲霽茆堂鐘磬清晨齋狗杞一杯羹隱書不厭千回讀大藥何時九轉成孤坐月寬寒徹骨安眠龜息浩無聲剩分松屑爲山信明日青城有使行時傳道人欲歸青城

記夢

夢裏都忘困晚途縱橫草疏論遷都不知盡挽銀河
水洗得平生習氣無

瀼西

千載瀼西路今年着脚行忽忽衰已具渺渺恨難平
絕壁猨啼雨深枝鵲報晴亦知憂更責未忍廢詩情

山寺

籃輿送客過江村小寺無人半掩門古[illegible][illegible]眞[illegible]塵漠
漠孤燈照殿雨昏昏喜投禪榻聊尋夢[illegible]烏啼猿更
斷魂要識人間盛衰理岸沙[illegible][illegible]去年[illegible][illegible]淚[illegible]時
至冬〻盡落

踏磧

鬼門關外逢人日踏磧千家萬户出[illegible][illegible][illegible]層雲下動劍器聯翩日將夕行人十有八九[illegible][illegible][illegible]曾羞顧影江邊沽酒沙上斗峽口月出風吹[illegible]人生未死信難知[illegible][illegible]夔州生鬢絲何日畫船搖桂檝西湖即賦探春詩

寒食

峽雲烘日欲成霞瀼水生紋淺見沙又向蠻方作寒食強持卮酒對梨花身如巢燕年年客心若游僧處處家賴有春風能領略一生相伴遍天涯

晚晴書事呈同舍 以下十七首皆試院作

魚復城邊夕照紅物華偏解惱衰翁巴鶯有恨啼芳樹野水無情入故宮許國漸疎悲壯志讀書多忘媿新功因君共語增惆悵京洛交遊欲半空

鄉中每以寒食立夏之閒省墳客□此時悽然感懷

松陰繫馬蔭朱扉折粉青紅正此時守墓萬家猶有日及親三釜承無路詩成謾寫天涯感淚盡何由地下知富貴賤貧俱有恨此生長誦蓼莪詩

其二

甚人生已痛

識闇

宮無限意

手持緑酒酹蒼苔今歲何由不可來清淚

斷孤吟欲和暮猿哀皂貂破弊盡歸心切白髮淒涼老

境催譖暮三思長不出松門日日手親開

試院春晚

病思蕭條掩緑罇閑坊寂歷鎖朱門故人別久雖是

夢遠客愁多易斷寬漫漫晚花吹灑岸離離上

宮垣此生飄泊何時已家在山陰水際村

倚闌

故山未敢說歸期十口相隨又別離小雨初收殘照

晚闌干西角立多時

詩爲雲安別駕

晝雨中望峽口

自詠

朝衣無色如霜葉將奈雲安別駕何鍾鼎山林俱不遂聲名官職兩無多低昂未免聞鷄舞慷慨猶能擊筑歌頭白伴人書紙尾只思歸去弄煙波

午興

漸轉廊腰日徐來峽口風殘漿便北客淖粥稱衰翁槐晚纖纖緑榴殘續續紅責輕仍飽食三歎愧無功

風雨中望峽口諸山奇甚戲作短歌

白鹽赤甲天下雄拔地突兀摩穹蒼凜然猛士撫長劍空有豪健無雍容不令氣象[illegible]藹[illegible]

全功今朝忽悟始歎息妙處云[illegible]雨士[illegible]
横慘澹元化變態合空濛正如[illegible]林遇事是平日乃
與常人同安得朱樓高百尺看此疾雨吹林風

夜坐庭中

人静風褰幔更闌露泣衣暗窗忽飢鼠齧空廡冷[illegible]
歲月背人去鄉閭何日歸脱巾還感歎殘髪一[illegible]

新蔬

黄瓜翠苣最相宜上市登盤四月時莫擬將軍春薺
句兩京名價有誰知

初夏懷故山

鏡湖四月正清和白塔紅橋小艇過梅雨晴時插蒔鼓蘋風生處采菱歌沉迷簫灣領吟哦少淹泊蠻荒感槩多誰謂吾廬六千里眼中歷歷見漁蓑

初夏新晴

曲徑泥新晚照明小軒纔受一床横翩翩乳燕影薮薮新篁解籜聲藥物屏除知病減夢魂安穩心平深居不恨無來客時有山禽自賛名

定折號日喜而有作

小雨如絲落復收悄無人語但[illegible]鳩喚婦喜倒指猶爲五日留滿椄推書

遮愁爲農父子長相守誤計隨

睡起（時闈試院中已月餘矣）

深閉重門謝簿書日長添得睡工夫水紋竹洗雲碧紗幮薄欲無半吐山榴看着子新來粱燕將雛夢回茗椀聊須把自掃桐陰置瓦爐

四月二十九日作

假館猶三日還家甫四旬昏昕雲霧隔衰鬢雪霜新罇酒雖慵近（病目止酒）囊詩却未貧但愁門有客流汗強冠巾

苦熱

萬瓦鱗鱗若火龍日車不動汗珠融無因羽翮氛埃
外坐覺蒸炊釜甑中石磵寒泉空有夢冰壺團扇欲
無功餘威向晚猶堪畏浴罷斜陽滿野紅

折號前一日作

飄零隨處是生涯斷梗飛蓬但可嗟稚子歡
夢從兵結束待還家食眠屢乏身多病憂愧未勇
易華簪日寄聲為薄具石榴應有未開花

暴雨

風怒欲撤屋雨來如決堤孤燈人忽滅
暑令方炎赫秋聲忽慘淒傳

二十三

西齋雨後

香椀灰深微炷火茶鐺聲細緩煎湯百樂一雨虛齋三日涼簾外微風斜燕影池邊殘照皺萱房紗幮石枕蕭然臥付與今宵幽夢長

急雨

陰雲乍破只急雨過城頭白舫投沙夾青帘漂搖爭鬪戶甕溢共蹤溝抽得驅蠅手題詩討慰旅愁

晚晴聞角有感

暑雨初收白帝城小荷新竹夕陽明十年塵土青衫色萬里江山畫角聲零落親朋勞遠夢淒涼鄉社負

歸耕議郎博士多新奏誰致當時魯二生

夏夜起坐南亭達曉不復寐

風露青冥近九秋脫巾扶杖冷颼颼曲闌影外巴山月畫角聲中楚塞愁巢燕並棲高棟穩潛魚時躍小池幽悠然坐待江城曉紅日將昇碧霧浮

夜登白帝城樓懷少陵先生

拾遺白髮有誰憐零落歌詩遍兩川人立飛樓今八百年矣浪飜孤月尚依然升沈自古無窮事愚智同歸有限年此意淒涼誰共語夕陽鷗鳥起沙

假日書事

二十四

萬里西來爲一飢坐曹日日汗

樂不恨踈慵與世違雕盤迎陽行[illegible]

雙歸放懷始得閑中趣下馬何人又叩扉

林亭書事二首

吏退林亭夏日長烏紗白紵自生凉遶簷密

面覆水青蘋錦上方約束蠻僮收藥富催呼

書憶平生幽事還拈起未覺巴山異故鄉

其二

期會文書日日忙偷閑聊得臥於床花藏密葉多時

在風度踈簾特地凉野艇空懷游魚憂滑水盆誰弄藕

緜長角聲喚覺東歸夢十里平湖一草堂峽中絕無邊鎮

遊臥龍寺

曉發魚復走去聲瞿唐沙頭喚渡倚胡床峒人爭趁五更市我亦來追六月涼殘星欲盡尚歷落明河已淡餘蒼茫翻翻林表鵶鵲語渺渺煙邊鷗鷺行馬十五里小寺殘僧眞最爾投鞭入門爲一稱雄有如此君不見天童徑山金碧浮虛空唄層雲中

久病灼艾後獨卧有感

白帝城高暮柝傳幽窻搔首意

鴈墻下桐踈不庇蟬訴出火女

蠻煙諸賢好試平戎策人欲退無心競善

秋晚病起

心靜病良已翛然巾屨輕灰深地爐煖日出

宿雨全消瘴新霜牘得晴并桐殊可念無葉

秋思

魚復城邊逢鴈飛白頭羇客恨依依遠游眼底故

少晚歲人間樂事稀雲重古關傳夜柝月斜深巷擣

秋衣官閑況是頻移疾藥鼎熒熒卧掩扉

一病四十日天氣遂寒感懷有賦

幽人病起鬢毛殘，硤口樓臺九月寒。暮角又催孤夢斷，早霜初染一林丹。鄉閭乖隔知誰健，懷抱凄凉用底寬。麴米春香雖可醉，瀼西新橘尚餘酸。

登城

簿領無時了，登臨亦快哉。樓危壓城起，硤逆病瘴抛書帙，思鄉泥酒杯。天寒水盡落，灩澦

夔州重陽

夔州鼓角晚凄悲，恰是幽窓睡起時。藜杖敢希朝士賜，萸枝山川信美[illegible]鬢衰。佳日掩門君莫笑，病來紗

嵩字算去

校文

追懷曾文清公呈趙

憶在茶山聽說詩親從夜半得玄機

付不料窮荒見此奇律合時方帖

平夷人間可恨知多少不及同君叩老師

謝張廷老司理録示山居詩二首

顛頹經年客瘴鄉把君詩卷意差強古人三上

賞況是珠璣滿錦囊

其二

老覺人間萬事非但思茅屋映疎籬秋衾已是饒歸

夢更讀山居二十詩

眞寂達之士

秋晴欲出城以事未果

古人已去不可回今人日夜歸泉臺浮生細看只此是到死自苦何爲哉矜名飾詐竟一世忍寒觸熱忘其骸不令金樽映翠杓坐待白骨生蒼苔淸秋人霽如洗白鹽千仞高崔嵬荒庭落葉不可掃菊爭先開澤西黃柑霜粗落泥溪口赤梨丹染玉潔美香飯飾鱗鸞私盤宜新醞[illegible]忽病起亦欲往探城西梅一官底[illegible]敗意而止之矣

南窻

留落逢知少跡情追俗多悶

巴酒無愁得金丹奈老何南客

遣興

酒量愁翻減詩聲老轉[illegible]上高臺[illegible]

巳判功名迮寧論筆[illegible]迷頼無權[illegible]

九月三十日登城門東望悽然有[illegible]

藏盡腰[illegible]白盡頭經年作客向夔州流離去[illegible]

日瘴癘侵人病過秋菊蘂殘時初把酒病中秋詩[illegible]

飲鴈行橫處更登樓蜀江朝暮東南注我獨[illegible]

此留

初冬野興

無百志此胡

關北關南霜露寒瀼東瀼西出谷盤簟紋細細吹殘
不龜背時時出小灘衰鬢病來無復綠寸心老去尚
如丹逆胡未滅時多事却為無才得少安

東屯呈同遊諸公

十月霜風樹林清溪白石稱幽尋接行老
地惆悵孤臣[illegible]寸心走馬平沙嫌路近傳杯
寒侵也思試索梅花[illegible]皁藥蹤跡

別王伯高

冷落何人肯見[illegible]臨弦[illegible]匣慨[illegible]音
少入海求詩未厭深瀟灑営導[illegible]

猿叫[illegible]……路正[illegible]

羈霜[illegible]……行過棧暮[illegible]

煜熗人生但[illegible]無[illegible]作萬里羈身亦不錯

之二

峽口山多甲天下萬嶂千峯通一罅峒民無咄

家射麋捕虎連晝夜女兒[illegible]命天下不借青燈獨守

邊舍聲明賣薪勿悲嗟女生豈[illegible]月終不嫁

醉中到白崖而歸

醉眼朦朧萬事空今年痛飲瀼[illegible]東偶呼快馬迎新

刀却上輕輿御晚風[illegible]路[illegible]是客丈夫五十未

稱翁[illegible]山缺處如橫綫遂[illegible]孤城[illegible]靄中

十二月十九日晚巫山送客歸回途[illegible]閣縹渺可愛遂與趙郭二教授

夜[illegible]要[illegible]鄉偶得長句呈二君

送客[illegible]星閣更同

盡是酒[illegible]回憔[illegible]

[illegible]凡自

新刊劒南詩稾卷第三

山陰陸　游　務觀

飯三折鋪鋪在亂山中

平生愛山每自歎舉世但覺山可玩　皇天憐之足其
願着在荒山更何怨南窮閩粤西蜀漢馬蹏幾歷天
下半山横水掩路欲斷崔嵬可陟流可亂春風桃李
方漫漫飛棧凌空又奇觀但令身健能强飯萬里只
作遊山看

小市

小市門前沙作堤杏花雖落不霑泥合心尚壯身先

酒無獨飲理

讀此十字云

老江水方東我獨西甕憩軒憁仍汎柳遠遊書劒亦

提携子規應笑飄零慣故傍茅簷盡意啼

酒無獨飲理一首

酒無獨飲理常恨欠佳客忽得我輩人豈計[illegible]

少年事虛名歲月駒過隙自從老大來一日亦可[illegible]

糟丘未易辦小計且千石頹然置萬事天地爲幕亦

人生如乃礪磨盡要有口不須荷揷隨況問幾兩屐

畏虎

滑路滑如苔澁路澁若橡更堪都梁下一雪三日泥

泥深尚云可委身餓虎蹊[illegible]碎茅藥低

胡石畏

蟠龍瀑

常恐不自免一死均猪雞老　少甚[illegible][illegible]懵不敢嘶

吾聞虎雖暴未甞窺汝栖孤行暮不止取禍非排擠

彼讒實有心平地生溝谿哀哉馬新息薏苡成珠犀

戲題

走馬平欺刺繡坡放船橫截亂絲渦從來倚箇心不

穩遇險方知得力多

蟠龍瀑布

遠望紛珠纓近觀轉雷霆人言水出奇意使行人驚

人驚我何得定非水之情水亦有何情因物以賦形

處高勢趨下豈樂與石爭退之亦踰　強言不平鳴

古來賢達士初亦願躬耕意氣或感激邂逅成功名

題翠山軍瑞豐亭

我行都梁窘風雪史君喜事能留客瑞豐亭上一樽酒渺渺郊原水初白峽中地褊常苦貧政令愈簡民愈淳本來無事只畏擾擾者非吏非庸人都梁之民獨無苦須晴得晴雨得雨史君心愛稼如雲時上斯亭樓歌舞歌闌舞罷史君醉父老羅拜豐年賜 聖朝尚實抑虛文縱產芝房非上瑞

馬上

殘年流轉似萍根馬上傷春[illegible]龜[illegible][illegible]花無經日

早征果如此

藥漲深水過去年痕迷行每問[illegible]夫路投宿時敲竹

寺門不信太平元有象牛羊點點散煙村

鄴山縣道上作

微雨晴時出驛門亂鶯啼處過江村挽花醉袖霑餘

馥迎日征鞍借小溫客路一身真吊影故園萬里若

招蒐鬢毛無色心猶壯藉草悲歌對酒罇

鄴水延福寺早行

化蝶方酣枕間雞又着鞭亂山徐吐日積水遠生煙

淹泊真衰矣登臨獨悯然桃花應笑客無酒到愁邊

酒偶盡市酤不可歛

過廣安

岳池農家

春深農家耕未足原頭叱叱兩黃犢泥融無塊水初渾雨細有痕秧正緑緑秧分時風日美時平未有差科起買花西舍喜成婚持酒東鄰賀生子誰言農家不入時小姑畫得城中眉一雙素手無人識空村相喚看繅絲農家農家樂復樂不比市朝爭奪惡宦途所得眞幾何我已三年廢東作

過廣安弔張才叔諫議

春風疋馬過孤城欲弔先賢涕已傾許國肺肝知激烈照人眉宇尚崢嶸中原成敗寧非數後世忠邪自

果州

飲海棠下

有許歎息知人眞未易流芳遺臭盡書生

果州驛

驛前官路堠纍纍歎息何時送我歸池館鶯花春漸老窻扉燈火夜相依孤鸞怯舞愁窺鏡老馬貪行強受鞿到處風塵常撲面豈惟京洛化人衣

留樊亭三日王覺民檢詳日攜酒來飲海棠下比去花亦衰矣

留落猶能領物華名園又作醉生涯何妨海內功名士共賞人間富貴花

其二

果州路

右衛尉家錦步障移在樊家園館中酧到花殘呼馬去聊將傍氣壓春風

柳林酒家小樓

桃花如燒酒如油緩轡郊原當出遊微倦放教成午夢宿酲留得伴春愁遠途始悟乾坤大晚節偏驚歲月遒記取晴明果州路半天高柳小青樓

南池 杜詩所謂安知有蒼池萬頃綠坤軸者今已盡廢

二月鶯花滿閬中城南搔首立衰翁數莖白髮愁無那萬頃蒼池事已空陂復豈惟民食足渠成終助霸圖雄眼前碌碌誰知此漫走叢祠乞歲豐 池上有漢高帝廟

聞杜鵑

唐長慶中南池新亭碑在漢高帝廟側亭
已失所在矣
池廢新亭亦已無遺碑半滅卧春蕪文章綺靡雖非
古今代詞人不辨渠
聞杜鵑戲作絕句
半世羇游厭路岐慿鞍日日數歸期勞君樹杪丁寧
語似勸飢人食肉糜
鼓樓鋪醉歌
書生迫飢寒一飽輕三巴三巴未云已北首趨褒斜
怱怱出門去羸馬不復華短帽鄭布日烈風吹黃沙

儆裝先晨鷄投鞭後昏鴉壯哉利門閭崖谷何谽谺
地荒多牧卒往往聞蘆笳我行春未動原野今無花
穉子入旅夢撓鬚勸還家起坐不能寐愁腸如轉車
四方丈夫事行矣勿咨嗟

登慧照寺小閣

少年富貴已悠悠老大功名定有不歲月消磨閱[illegible]
傳山川遼邈弊衣裘殺身有地初非惜報國無時未
免愁局促每思舒望眼雖非吾土強登樓

春雨

江頭一夜雨曉路無新花我今爲陳人感此重歎嗟

龍洞閣

驛舍海棠之過

羲和揪兩曜疾走不可遮古今俛仰間那暇惜物華

風雨中過龍洞閣

飄然醉袖惹人扶箇裏何曾有畏塗卷地黑風吹慘
澹半天朱閣插虛無闌邊歸鶴如爭捷雲表飛仙定
可呼莫怪衰翁心膽壯此身元是一枯株

驛舍海棠已過有感

淒涼古驛丘道旁寀門沈沈春日長暄妍光景老海
棠顛風吹花滿空廐物生榮悴固其常惜哉無與持
一觴遊蜂戲蝶空自忙豈知美人在西廂我雖已老
猶能狂詠立爲爾悲吟容光盛時不遇我可傷零落逢

武侯籌筆

知更斷腸

## 籌筆驛 有武侯祠堂

運籌陳迹故依然想見旌旗駐道邊一等人間管城子不堪譙叟作降箋

## 嘉川鋪遇小雨景物尤奇

一春客路厭風埃小雨山行亦樂哉危棧巧依青崖出飛花併下綠巖來面前雲氣翔孤鳳腳底江聲轉疾雷堪笑書生輕性命每逢險處更徘徊

## 老君洞 有石刻畫唐明皇幸蜀見老君於此

丹鳳樓頭語未終崎嶇蜀道復相逢大清宮闕俱煨

金牛道寒食

燼豈亦南來避賊鋒

大安病酒留半日王守復來招不往送酒解酲因小飲江月館

江驛春酲半日留更煩送酒爲扶頭柳花漠漠嘉陵岸別是天涯一段愁

金牛道中遇寒食

乍換春衫一倍輕況逢寒食十分晴鶯穿驛樹惺憁語馬過溪橋蹀躞行畫柱綵繩喧笑樂豔粧䍦服角鮮明誰知此日金牛道非復當時鐵馬聲紹興初虜犬入至金牛而遜

曉發金牛

客枕何時穩怱怱又束裝快晴生馬影新暖拼花房沮水春流綠嶓山曉色蒼阿瞞狼狽地千古有遺傷自金牛以西皆明皇幸蜀路

山南行

我行山南已三日如繩大路東西出平川沃野望不盡麥壠青青桑鬱鬱地近函秦氣俗豪鞦韆蹴鞠分朋曹苜蓿連雲馬蹄健楊柳夾道車聲高古來歷歷興亡處舉目山川尚如故將軍壇上冷雲低丞相祠前春日暮國家四紀失中原師出江淮未易吞會

南鄭

看金鼓從天下却用關中作本根

南鄭馬上作

南鄭春殘信馬行通都氣象尚崢嶸迷空遊絮憑陵去曳綫飛鳶跋扈鳴落日斷雲唐闕廢（德宗詔山南比兩京）淡煙芳草漢壇平（近郊有漢信拜大將壇）猶嫌未豁胷中氣目斷南山天際横（城中望見長安南山）

和高子長參議道中二絶

梁州四月晚鶯啼共憶扁舟罨畫溪莫作世間兒女態明年萬里駐安西

其二

龍洞

豐年食少厭見啼覓得微官落五谿大似無家老禪衲打包還度棧雲西

次韻張季長題龍洞

我昔謁紫皇翳鳳驂虬龍俯不見塵世浩浩萬里空謫墮尚遠遊忽到漢始封西望接蜀道北顧連秦中壯哉形勝區有此蜿蜒宮雷霆自鞺鞳環玦亦璁瓏石屋如建章萬戶交相通來者各有得盡取知無從憑高三歎息自古幾英雄老我文字衰揮毫看諸公

次韻子長題吳太尉雲山亭

參謀健筆落縱橫太尉清鐏賞快晴文雅風流雖可

受關中遺虜要人平

送劉戒之東歸

去國三年恨未平東城況復送君行難憑魂夢尋言
笑空向除書見姓名殘日半竿斜谷路西風萬里玉
關情蘭臺粉署朝回晚肯記麗官數寄聲

周元吉蟠室詩 一首

天下有廣居非阿房建章宮殿日及月闔闢陰與陽
山川坦然平何者爲滄糯孔公暨瞿聃同坐此道場
哀哉世日隘肝膽分界疆蹙縮戰蝸角崎嶇走羊腸
周先早得道所詣非復常小室古城隅宛如野僧房

能容人天衆雜沓來燒香三萬二千人各據獅子牀
實際正如此切忌錯商量須彌芥子話今夕當舉揚

送范西叔赴召二首

天涯留落過重陽楓葉搖丹已着霜穉衰病强陪蓮幕
客淒凉又送石渠郎杜陵鴈下悲徂歲笠澤魚肥夢
故鄉便恐從今長隔闊舊交新貴例相忘

其二

欲駕征車勸小留南山南畔更逢秋數聲過鴈催行
色一醆昏燈話别愁自昔文章關治道即今臺閣要
名流白頭尚作書癡在贖乞朱黄與挍讎

至利州

寄鄧公壽

高標瑤樹與瓊林靈府清寒出苦吟海内十年求識面江邊一見即論心紛紛俗子常成市亹亹微言孰賞音聞道南池梅最早要君攜手試同尋

簡章德茂

殊方邂逅豈無緣世事多乖復悵然造物無情吾輩老古人不死此心傳吟雲黯黯朝横棧紅葉蕭蕭夜滿船箇裏約君同著句不應輸與灞橋邊

自三泉泛嘉陵至利州

日日邅途趣劇詩書生活計絶堪悲江雲垂地灘風

善刑宕

急一似前年上硤時

木瓜鋪短歌

鼓樓坡前木瓜鋪歲晚悲辛利州路當車礧礧石如屋百里夷途無十步溪橋缺斷水齧沙崖腹崩頽風拔樹虎狼妥尾擇肉食狐狸豎毛啼日暮冢血短草聲窸窣往往精靈與人遇我生胡爲忽在此正坐一飢忘百慮五更出門寒裂面半夜燎衣泥滿袴妻孥八月離夔州寄書未到今何處餘年有幾百憂集日夜朱顏不如故即今臺省盛諸賢細思寧是儒冠誤

夜抵葭萌惠照寺寓榻小閣

亭驛驅馳髀肉消故山歸夢愈迢迢夜行觸尉那能避且過隨僧不待招雨後風雲猶慘澹霜前草木已蕭條衰遲事事非平日醉裏題詩亦復聊

太息二首宿青山鋪作

太息重太息吾行無終極冰霜迫殘歲鳥獸號落日秋砧滿孤村枯葉擁破驛白頭鄉萬里墮此虎豹宅道邊新食人膏血染草棘平生鐵石心忘家思報國即今冒九死家國兩無益中原久喪亂志士淚橫臆切勿輕書生上馬能擊賊

其二

復馬京途畏
境直是精刊
閬中

凄凄復凄凄山路窮攀躋羸病卧草間馬困聲酸嘶
朧兎截道奔窮猿上樹啼崩湍一何哀下落萬仞谿
昏黑投孤戍洗我衣上泥下愚不可遷大惑終身迷
估宦十五年曾不飽糠粞客路少睡眠月白聞號雞
欲行且復止虎來茅蒴低

閬中作二首

殘年作客遍天涯下馬長亭便似家三疊淒涼渭城
曲數枝閑澹閬中花襞牋授筦相逢晚理鬢熏衣一
笑譁俱是邯鄲枕中夢墜鞭不用憶京華

其二

錦屏山謁少陵祠

末句合著如此

挽住征衣爲濯塵閬州齋釀絶芳醇鶯花舊識非生客山水曾遊是故人遨樂無時冠巴蜀語音漸正帶咸秦平生賸有尋梅債作意城南看小春

遊錦屏山謁少陵祠堂

城中飛閣連危亭處處軒窻臨錦屏涉江親到錦屏上却望城郭如丹青虚堂奉祠子杜子眉宇高寒照江水古來磨滅知幾人此老至今元不死山川寂寞客子迷草木摧落壯士悲文章垂世自一事忠義凜凜令人思夜歸沙頭雨如注北風吹船横半渡亦知此老憤未平萬竅争號泄悲怒

還漢中

仙魚鋪得仲高兄書

病酒今朝載臥輿秋雲漠漠雨疎疎閬州城北仙魚鋪忽得山陰萬里書

自閬復還漢中次益昌

北首褒斜又幾程嶠雲未放十分晴馬經斷棧危無路風掠枯茅颯有聲季子貂裘端已弊吴中蓴菜正堪烹朱顏漸改功名晚擊筑悲歌一再行

驛亭小憩遣興

淡日微雲共陸離曲闌危棧出參差老松臨道閱千載杜宇號山連四時漢水東流那有極秦關北望不

勝悲郵亭下馬開孤劍老大功名頗自期

再過龍洞閣

天險龍門道霜清客子遊一筇緣絕壁萬仞俯洪流着脚初疑夢回頭始欲愁危身無補國忠孝兩堪羞

自笑

自笑謀生事事疎年來錐與地俱無平章春韭秋菘味拆補天吳紫鳳圖食肉定知無骨相珥貂空自誑頭顱惟餘數卷殘書在破篋蕭然笑獠奴

三泉驛舍

殘鐘斷角度黃昏小驛孤燈早閉門霜氣峭深摧草

次漢中境

木風聲浩蕩卷郊原故山有約頻回首末路無歸易
斷魂短鬢蕭蕭不禁白強排幽恨近清樽

嘉川鋪得檄遂行中夜次小柏

黃旗傳檄趣歸程急服單裝破夜行肅肅霜飛當十
月離離斗轉欲三更酒消頓覺衣裘薄驛近先看炬
火迎渭水函關元不遠着鞭無日涕空橫

歸次漢中境上

雲棧屏山閱月遊馬蹄初喜蹋梁州地連秦雍川原
壯水下荆揚日夜流遺虜孱孱寧遠略孤臣耿耿獨
私憂良時恐作他年恨大散關頭又一秋

夜行沔陽

離興元

沔陽夜行

夜發沔陽驛坡陁岡阜重月斜欹帽影霜重溼裘背

野岸鳴枯葉煙林度曉鐘梁州明日到一笑解衰容

道中累日不肉食至西縣市中得子因小酌

門外倚車轅頹然就醉昏棧餘羊絕美壓近酒微渾

一洗窮邊恨重招去幹魂客中無晤語燈燼為誰繁

初離興元

夢裏何曾有去來高城無柰角聲哀連林秋葉吹初

盡滿路寒泥蹋欲開笠澤決歸猶小慙錦城未到莫

赴成都官

輕回炊菰斫膾明年事却憶斯遊亦壯哉

自興元赴官成都

平生無遠謀一飽百念已造物戲飢之聊遣行萬里
梁州在何處飛蓬起孤壘憑高望杜陵煙樹略可指
今朝忽夢破跋馬臨漾水此生均是客處處皆可死
劒南亦何好小憩聊爾爾舟車有通塗吾行良未止

書事

生長江湖狎釣船跨鞍塞上亦前緣雲埋廢苑呼鷹
處雪暗荒郊射虎天醲酒芳醇偏易醉胡羊肥美了
無羶揚州雖有東歸日閑置車中定悵然

雨中過臨溪古堠

道邊相送驛邊迎水隔山遮似有情歲晚無聊莫相笑君方雨立我泥行

南沮水道中

磴含臨湍瀨胷谿聚小潭山形寒漸瘦雪意暮方酣久客情懷惡頻來道路諳家山空悵望無夢到江南

長林晚興

沮水嶓山名古今聊將行役當登臨斷橋煙雨梅花瘦絕磵風霜樹葉深末路清愁常衮衮殘冬急景易駸駸故巢東望知何處空羨歸鴉解滿林

遣興

貂裘破弊色凄涼塞上歸來路更長老驥數鳴常伏櫪寒龜藏縮正支牀彫零客路新霜鬢掃灑先師舊草堂九折阪頭休絕歎世間何地不羊腸

長木夜行抵金堆市

夜行長木村重霧雜零雨濕螢粘野蔓寒犬吠雲塢道壞交細泉亭廢立遺堵時時過農家燈火照鳴杼嗟予獨何事無歲得安處即今窮谷中性命寄豺虎三更投小市買酒慰羇旅高詠東山詩悵望懷往古

赴成都泛舟自三泉至益昌謀以明年下

後遊三泉龍門

三峽

詩酒清狂二十年又摩病眼看西川心如老驥常千里身似春蠶已再眠暮雪烏奴停醉帽秋風白帝放歸船飄零自是關天命錯被人呼作地仙

壬辰十月十三日自閬中還興元遊三泉龍門十一月二日自興元適成都復攜兒輩往遊賦詩一首

勝地惜輕別短篷成後遊門呀一境異木落四山秋野鴿翔深雲貫蟠蛟窟古湫棧危縈峭壁橋迥跨奔流白雨穿林至腥風卷地浮真成起衰病不但洗孤愁

潭毒關

棧路

登陟知難再吟哦爲小留回頭即萬里雪滿戴谿舟

予行蜀漢閒道出潭毒關下每憩羅漢院山光軒今復過之悵然有感

山光軒上幾閒遊潭毒關前又小留麥隴雪苗寒剡剡柘林風葉暮颼颼馬行劍閣從今始門泊吳船亦已謀醉眼每嫌天地迮盡將萬里著吾愁

棧路書事

危閣聞鈴馱湍流見磑船汲江人負盎騎馬客蒙氊梨美來秦地橙香接楚天癡頑殊耐事隨處一欣然

雪晴行益昌道中頗有春意

行益昌道中

杜陵鴈下歲將殘疋馬西遊雪擁關憔悴敢忘雙闕
路淹遲遍看兩川山春回柳眼梅鬚裏愁在鞭絲帽
影間安得黃金成大藥為人千載駐頽顔

思歸引

非深世故不能至此

善酒不如穩乘舟善騎不如謹持轡妙於服食不如
寡欲工於揣摩不如省事在天有命誰得逃在我無
求直差易散人家風脫糾纏煙蓑雨笠全其天蒓絲
老盡歸不得但坐長飢須俸錢此身不堪阿堵役寧
待秋風始投檄山林聊復取熊掌仕宦真當棄雞肋
錦城小憩不淹遲即是輕舠下硤時爪用更為麟閣

誌公

夢從今正有鹿門期

誌公

誌公院在劒門東五里院東一石壁間有若僧負杖者杖端髣髴有刀尺拂子之狀

江東爭奪纏妖祲哀哉斯民亂方甚錦幪老人蓋古佛現身爲作大慈蔭蕭翁八十尚見癡旛蓋鐘螺鬧中禁當時此老默笑渠大法棟梁身獨任杖頭示人三轉語開口要身如飲鴆紛紛放弑但可憐何曾爲汝陳符讖

劒門道中遇微雨

衣上征塵雜酒痕遠遊無處不消魂此身合是詩人

劍閣

劍城

未細雨騎驢入劍門

劍門關

劍門天設險北鄉控函秦客主固殊勢存亡終在人棧雲寒欲雨關柳暗知春羈客垂垂老憑高一愴神

劍門城北回望劍關諸峯青入雲漢感蜀亡事慨然有賦

自昔英雄有屈信危機變化亦逡巡陰平窮寇非難禦如此江山坐付人

丹芝行

劍山叢叢插穹蒼千林萬谷蟠其陽大丹九轉古所

丹芝

唐宗曾酌此泉

藏靈芝三秀夜吐光如火非火森有芝朝陽欲升尚
煌煌何由斸取換肝腸往駕素虬朝紫皇

過武連縣北柳池安國院煮泉試日鑄顧
渚茶院有二泉皆甘寒傳云唐僖宗幸蜀
在道不豫至此飲泉而愈賜名報國靈泉
云

滴瀝珠璣翠壁間遭時曾得奉龍顏欄傾甃缺無人
管滿院松風晝掩關

其二

行殿淒涼迹已陳至今父老記南巡一泓寒碧無今

日鑄顧渚貯之云

歲貢之

急之在此

入西州境

古付與閑人作主人

其三

我是江南桑苧家汲泉閑品故園茶只應碧缶蒼鷹爪可壓紅囊白雪芽日鑄貯以小缾蠟紙丹印封之顧渚貯以紅藍縑囊皆有歲貢

宿武連縣驛

平日功名浪自期頭顱到此不難知宦情薄似秋蟬翼鄉思多於春繭絲野店風霜俶裝早縣橋燈火下程遲鞭寒熨手戎衣窄忽憶南山射虎時

初入西州境述懷

我無飛仙術御氣周八極寸步常依人艱哉萬里役

入平州境

自行劒關南大道平如席日高徐駕車薄暮亦兩驛
及兹山愈遠原野若加闢茂樹冬不凋寒花晚猶拆
昔我卜遠遊至蜀龜輒食弛裝有定處嗚呼豈人力
頗傳岷山下清淑無癘疫士風尚豪舉意氣喜遠客
薪米家可求借書亦易得思吳雖不忘所願少休息
吾聞古達人雅志在山澤豈無及物心但恨俗褊迫
攬德雖成留引去常勇決駭機滿人間着脚無上策

綿州魏城縣驛有羅江東詩云芳草有情
皆礙馬好雲無處不遮樓戲用其韻

老夫乘興忽西遊遠跨吳萬里秋樽酒登臨遍山

作玉糝羹

寺歌辭散落滿江樓孤城木葉蕭蕭下古驛灘聲瀧

瀧流未許詩人誇此地茂林脩竹憶吾州

即事

渭水岐山不出兵却携琴劍錦官城醉來身小窮通

小老去人間毀譽輕捫蝨雄豪空自許屠龍工巧竟

何成雅聞崏下多區芋聊試寒爐玉糝羹

青村寺

十年淹泊望脩門臨水登山幾斷魂短鬢星星身欲

老小樓微月宿青村

行綿州道中

緜州道中

越王樓

三年客江峽萬死脫魚黿平地從今如窮塗敢復論園畦棋局整坡壠海濤飜瘦犢應多恨泥塗伏短轅

越王樓二絶句

上盡江邊百尺樓倚欄極目暮江秋未甘便作衰翁在兩脚猶堪蹋九州

其二

蒲萄酒緑似江流夜燕唐家帝子樓約住營絲呼羯鼓要渠打散醉中愁

東津

歲暮涪江水歸壑白沙渺然石犖角蜀天常煥少雪

霜綠樹青林不搖落闌干詰曲臨官道煙靄參差埜
城郭打魚斫膾修故事豪竹哀絲奉歡樂樂莫樂於
新相知美人一笑回春姿四方本是丈夫事安用一
生無別離

## 東山

今日之集何佳哉入關劇飲始此回登山正可小天
下跨海何用尋蓬萊青天肯爲陸子見妍日似趣梅
花開有酒如涪綠可愛一醉直欲空千罍駝酥鵝黃
出壠右熊肪玉白黔南來眼花耳熱不知夜但見銀
燭高花摧京華故人死太半歡極往往潛生哀聊將

姜楚公畫鷹
綿州録叅厅
真本留律在此
而今在彼

豪縱壓憂患鼓吹動地聲如雷

綿州録參廳觀姜楚公畫鷹少陵爲作詩
者

我來訪古涪之濱不辭百罔冀一眞走馬朝尋海鑁館斫膾夜醉魴魚津越王高樓亦已換俯仰今古堪悲辛督郵官舍最卑陋棟橈楹腐知幾春巋然此壁獨古恙老樣勁翮完如新向來劫火何自免□呵守護疑有神妖狐九尾穴中國共置不問如越秦天時此物合致用下韝指呼端在人會當原野灑毛血坐令萬里清煙塵老眼還憂不及見詩成肝膽空輪囷

公詩多言蜀暖其實何如蜀人却稍覺寒

羅江驛翠望亭讀宋景文公詩

撲馬征塵拂不開高亭欹帽一徘徊蜀山地暖稀逢雪閏歲春遲未見梅陂水近人無鷺下煙林藏寺有鍾來宋公出牧曾題壁錦段雖殘試翦裁

鹿頭關過龐士元廟

士元死千載凄惻過遺祠海内常難合天心豈易知英雄今古恨父老歲時思蒼蘚無情極秋來滿斷碑

遊漢州西湖

房公一跌叢衆毀八年漢州爲刺史遶城鑿湖一百頃島嶼曲折三四里小菴靜院穿竹入危榭飛樓壓

漢中西湖之旁

夫子鑿賞之[illegible]

君平卜臺

梅

城起空濛煙雨媚松楠顛倒風霜老蕺蕈日月苦長身苦閑萬事不理看湖水向來愛琴雖一癖觀過自足知夫子畫船載酒凌湖光想公樂飲千萬場歎息風流今未泯兩川名醞避鵝黃（鵝黃漢中酒名蜀中無能及者）

嚴君平卜臺

先生久已蛻氛埃道上猶傳舊卜臺乞得寒泉濯肝肺眞成萬里不虛來（臺後有大井名通仙井相傳君平所浚）

梅花

家是江南友是蘭水邊月底怯新寒畫圖省識驚春早玉笛孤吹怨夜殘冷淡合教閑處着清臞難遣俗

拜忠定張公祠

人看相逢剩作樽前恨索笑情懷老漸闌

拜張忠定公祠二十韻

張公世外人與蜀偶有緣天將靖蜀亂生公在人間
厥初大盜興樂禍迭相挻天子輟玉食貴臣擁戎旃
生殺出喜怒死者常差肩公曰此何哉從之吾欺天
河流觸地軸砥柱屹不遷脅從盡縱捨飛章交帝前
上意竟開悟至仁勝兇殘貴臣不極賞追還黜其權
安危關社稷豈惟蜀民全後來有阿童握兵專閫邊
睨棄睦州功上公珥金蟬勢張不可禦乘北鄉挑幽燕
神京遂丘墟迄今天步艱時無忠定公孰能折其姦

成都歲暮始微寒
賦梅

我來拜遺祠喬木含蒼煙死者不可作愀然涕潸
憤切感虜禍慷慨思公賢春秋送迎神誰為歌此篇

成都歲暮始微寒小酌遣興

草帶頻移紗帽寬茶鐺欲熟篆香殘驛梅已報先春
信小雨初成十月寒身似野僧猶有髮門如村舍強
名官鼠肝蟲臂元無擇遇酒猶能罄一歡

再賦梅花

老來愛酒賸狂顛況復梅花到眼邊不怕幽香妨靜
觀正須疎影伴癯僊松篁共歎冰霜晚桃李從教雨
露偏此去西湖八千里破愁一笑得無緣

先主廟

登塔

冷官無一事日日得閑遊壯哉千尺塔攝衣上上頭
眼力老未減足疾新有瘳茲濟勝具俯仰臨九州
雪山西北横大江東南流晝棟雲氣涌鐵鐸風聲遒
旅懷忽惻愴涕下不能收十年辭象魏萬里懷松楸
仰視去天咫絕叫當聞不帝閽守虎豹此計終悠悠

先主廟次唐貞元中張儼詩韻三首

猾賊挾至尊天命矜在已豈知高帝業煌煌漢中起

其二

吳蜀本唇齒悲哉乃連兵盡銳下三峽誰使復兩京

尋梅

其三

洛陽化爲灰棘生銅駞陌許賦志不成父老泣陵栢廟在惠陵側

睡起書事

京華豪飲釂千鍾濯錦江邊怯酒濃烈士壯心雖未減狂奴故態有誰容折梅着句聊排悶閉户焚香剩放慵午枕如雷君莫怪西風吹夢過吳松

西郊尋梅

西郊梅花矜絶豔走馬獨來看不厭似羞流落蒙市塵寧嗜荒寒傍茅店脩然自是世外人過去生中差

四字代著屏如

以標題

分韻詠梅

丁念淺顰常鄙桃李學獨立不容鶯蝶覘山礬水仙晩角出大是春秋吳楚僭餘花豈無好顏色病在一俗無由砭朱欄玉砌渠有命斷橋流水君何欠嗟予相與頗同調身客劍南家在剡凄凉萬里歸無日蕭颯二毛衰有漸尚能作意晩相從爛醉不詞杯瀲灩

分韻作梅花詩得東字

淺寒籬落清霜後踈影池塘淡月中北客同看俱稅駕南枝與我兩飄蓬從來遇酒千鍾少此外評花四海空惟恨廣平風味減坐看徐庾擅江東

宇文子友聞予有西郊尋梅詩以詩借觀

人借尋梅詩
范園海棠
單杜陵不進
無此詩要亦當
見

次其韻

拾遺遺跡付緇郎槁葉凝塵欲滿堂巳恨鑄疊孤勝踐更堪風雨病幽芳蘭蓀千古有同調蜂蝶一春空自忙馬上得詩歸絶歎故園三徑久成荒

海棠一首 范希元園 辭

誰道名花獨故宮 謂故蜀燕王宮 東城盛麗足爭雄擁障錦障闌干外盡吸紅雲酒醆中貪看不辭持夜[illegible]倚狂直欲擅春風拾遺舊詠悲零落瘦損腰圍擬未工 老杜不應無海棠詩意其失傳爾

簡南禪勤長老

和送牡丹

別是之般標致

宦遊處處是　君恩歸去無期莫更論眼正修行新有力心空憂患已無根鉢盂分我雲堂飯拄杖敲君竹院門屈宋向來堪一笑故鄉何戀更招魂

和譚德稱送牡丹二首

洛陽春色擅中州檀暈鞓紅總勝流憔悴劍南人不管問渠情味似儂不

其二

吾生何拙亦何工憂患如山一笑空猶有餘情被花惱醉搔華髮倚屏風

初到蜀州寄成都諸友

判成都

自蜀還成都

流落天涯鬢欲絲年來用短始能奇無材藉作長閑地有癖留爲劇飲資萬里不通京洛夢一春最負牡丹時襞牋報與諸公道罨畫亭邊第一詩

自蜀州暫還成都奉簡諸公

不染元規一點塵行歌偶到錦江濱淋漓詩酒無虚日判斷鶯花又過春客路柳陰初墮絮還家梅子欲生仁更須作意勤相過要信年光屬散人

摩訶池

摩訶古池苑一過一消魂春水生新漲煙蕪沿舊痕年光走車轂人事轉萍根猶有宮梁燕銜泥入水門

蜀宮中舊泛舟入此池曲折十餘里今府後門雖已爲平陸然猶號水門

三月十七日夜醉中作

前年膾鯨東海上白浪如山寄豪壯去年射虎南山秋夜歸急雪滿貂裘今年摧頹最堪笑華髮蒼顏羞自照誰知得酒尚能狂脫帽向人時大叫逆胡未滅心未平孤劍床頭鏗有聲破驛夢回燈欲死打窗風雨正三更

嘉祐院觀壁間文湖州墨竹

石室先生筆有神我來拂拭一酸辛敗牆慘澹欲無色老氣森嚴猶逼人慣閱冰霜元耐久恥隨兒女更

爭春紛紛可笑空摹擬爾輩毫端費斛塵

春晚書懷三首

吹盡郊原萬點紅燕梁考室亦忽忽老來偏覺歲華速客裏忽驚春事空病有藥方傳肘後嬾無詩句付囊中歸心日夜隨江水只欲東門覓短篷入吳者皆自小東郭

登舟

其二

經春淹泊錦官城作箇歸期苦未成老向軒裳埤力量病於風月減心情官閑有味緜高卧酒貴無[illegible]爲細傾憶探梅花如昨日西齋榆莢與階平

憶萬州

其三

老客天涯心尚孩，惜春直欲挽春回。長繩縱繫斜陽住，右手難移故國來。暑近蚊雷先隱轔，雨前螘垤正崔嵬。茹芝却粒終無術，萬事惟須付一杯。

偶憶萬州戲作短歌

硤中天下最窮處，萬州蕭條誰肯顧。去年正月偶過之，曾爲巴人三日住。南浦尋梅雪滿舟，西山載酒雲生屨。至今夢聽竹枝聲，燈火紛紛驛前路。殘春猶客蜀江邊，陳迹回思一愴然。漸老定知歡漸少，明年還復憶今年。

驛舍畫海棠

嘉州謂賴桐

如下丶紅

驛舍見故屏風畫海棠有感

厭煩只欲長面壁此心安得頑如石杜門復出數習氣止酒還開欺定力成都二月海棠開錦繡裹城迷巷陌燕宮最盛號花海霸國雄豪有遺迹猩紅鸚綠極天巧疊萼重跗眩朝日繁華一夢忽吹散閉眼細思猶歷歷憂樂相尋豈易知故人應記醉中詩夜闌風雨嘉州驛愁向屏風見折枝

思政堂東軒偶題

羇愁酒病兩無聊小篆吹香已半消喚起十年閩嶺夢賴桐花畔見紅蕉（賴桐嘉州謂之百日紅）

荔支樓小酌二絶句

碧瓦朱欄已半摧強呼歌舞試樽罍邦人莫訝心情嬾新出鶯花海裏來

其二

病與愁兼怯酒船巴歌聞罷更悽然此身未死長爲客回首夔州又二年

嘉陽官舍竒石甚富散棄無領略者予始取作假山因名西齋曰小山堂爲賦短歌

昔人何人愛巖壑爲山未成儲峯确散落支床壓酒槽大或專車小拳握幽人邂逅爲絶歎稍繩趣取寒

代石詠問太好

泉濯峭峯幽賞相吐吞尋嶺丹崖漱聯絡一石不能言意可解問我胡爲憐寂寞人間興廢自有數音韋何傷今豈樂斯言妙矣予則陋敢對一石友詞罰爵爲君寛作十日留在眼便同眞着脚　　辭

望雲樓晚興

小閣東南獨詠詩此生終與世差池夕陽明處蒼煙合棲燕歸時畫角悲人與江山均是夢心非人月尚誰知舊交幾歲音塵隔三撫欄干有所思

護國天王院故神霄玉清萬壽宮[illegible][illegible]圯略盡而規模尚極壯麗過之有感

太霄帝君神霄府一日飛書行海寓築宮奔走誰敢後萬牛挽材山作礎步虛夜半落雲間玉磬鏗[illegible]鶴舞帝師丞相領使名侍晨校籍紛如雨洛陽[illegible]維小睨睨御史立奏投裔土從來桑門喜嘲競[illegible]國冠巾幘無語古傳東海會揚塵君看此地亦荆榛覔旌仙仗空遺堵甓缺臺傾知幾春牧兒驅牛齧庭草誰記劍佩來朝真斜陽却上筍輿去滿水泠泠愁殺人

、登荔支樓

平羡江水接天流涼入簾櫳已似秋奐作主人元是客知非吾土強登樓閑憑曲檻常忘去欲下危梯更入

作大像時樣

小留公事無多廚釀美此身不負看嘉州（許[illegible]詩不[illegible]言嘉州只有[illegible]）

再賦荔支樓

只道文書擬不開未妨高處獨徘徊山橫瓦屋拔雲出水自牂牁裂地來暝入簾陰吹細雨涼生樓角轉輕雷癡頑也擬忘鄉國不奈城頭暮角哀

能仁院前有石像丈餘蓋作大像時樣也

江閣欲開千尺像雲龕先定此規模斜陽徙倚空三歎嘗試成功自古無

新刊劍南詩藁卷第三

（宋）陸游 撰

# 宋本新刊劍南詩稿

第二册

國家圖書館出版社

# 第二册目録

# 新刊劍南詩稾卷第四

山陰陸　游　務觀

謁凌雲大像

出郭幽尋一笑新徑呼艇子截煙津不詞疾登重閣聊欲今生識偉人泉鏡正涵螺髻綠浪花不犯寶趺塵一泉泓然正在髻下每歲漲水不能及佛足始知神力無窮盡丈六黃金果小身觀無量壽經云或現小身丈六八尺

凌雲醉歸作

峨眉月入平羌水歎息吾行俄至此謫仙一去五百年至今醉魂呼不起玻瓈春滿琉璃鍾或璃春看郡酒名宦

情營濟濁貴濃飲如長鯨渴赴海詩成放筆千觴空十年看盡人間事更覺麴生偏有味君不見蒲萄一斗換得西涼州不如將軍告身供一醉

獨遊城西諸僧舍

我是天公度外人看山看水自由身蘚崖直上飛雙屐雲洞前頭岸幅巾萬里欲呼牛渚月一生不受庾公塵非無好客堪招喚獨往飄然覺更真

西林院

一邦盡對江邊像試比西林總不如院門外[illegible]十五像最正蕭森開士宅五雲飛動相君書寺額五字唐相裴休書遒美可愛磴

紫薇花

危漸覺山爭出屐響方驚閣半虛安得棄官長住此
一杯香飯薦珍蔬
聽事前紫薇花二本甚盛戲題絶句
紅藥紫薇西省春從來惟慣對詞臣問因自是麤官
分無柰名花解笑人
同何元立蔡肩吾至東丁院汲泉煮茶二
首
一州佳處盡裴徊惟有東丁院未來身是江南老桑
苧諸君小住共茶杯
其二

雪芽近自峨眉得不減紅囊顧渚春旋置風爐清樾
下它年奇事記三人

癸巳夏旁郡多苦旱惟瀘嘉數得雨然未
足也立秋夜三鼓雨至明日晡後未止高
下霑足喜而有賦二首

晝簷鳴雨早秋天不喜新涼喜有年眼裏香秔三萬
頃寄聲父老共欣然

其二

五十衰翁鬢半華猶能把酒醉天涯絲毫并[illegible]昏
有惟把豐年贈漢嘉

晚登望雲二首

一出脩門又十年輩流多已珥金蟬衰如蠹[illegible]先覺愁似鰥魚夜不眠輦路踈槐迎鳶處苑城[illegible]泛湖天　君恩未報身今老徙倚危樓一泫然

其二

晚來煙雨暗江干烽火遥傳畫角殘看鏡功名空自許上樓懷抱若爲寬青楓搖落新秋令白髮凄涼舊史官飽見少年輕宿士可憐隨處強追歡

立秋後十日風雨凄冷獨居有感

急雨鳴瓦蕭尖風入牖罅紗籠耿青燈寂寂新秋夜

誰言簿領中乃復有此暇稍繙書冊讀巳念灰火藥那知是羇客恍若在家舍睡晚且熟眠洗沐官有假

明日晦日也

晦日西窻懷故山

今朝休日仍無客茶罷西窻卧解衣白髮巳侵殘夢境緑苔應滿舊漁磯桃源雞犬塵凡隔杜曲桑麻夢想歸賴有小山聊慰眼幽篁叢桂雨霏霏

秋日懷東湖二首

小閣東頭鬱晝池秋來長是憶幽期身如[illegible]歸日心似堂僧欲動時病思羇懷惟付酒西風落日更

催詩故知歲暮常多感不獨當年宋玉悲

其二

畨畫池邊小釣磯垂竿幾度到斜暉青蘋葉[illegible]魚

過宋閣簾開看燕歸歲晚官身空自閔途窮世事巧

相違邊州客少巴歌陋詩與愁城略解圍

小山之南作曲欄石磴繚繞如棧道戲作

二篇

羇遊隨處得哦詩掃溉軒窻每恨遲巴幻小山寬見客

恨更添危磴作兒嬉偶留塞上寧無數徑返湖邊巴

有期誰遣化工娛此老幽花微拆綠苔滋

其二

吏退庭空剩得閑一窻如在翠微間半崖縈棧遊秦路疊嶂生雲入剡山真有巖居臨絶壑但無漁艇繫寒灣躋攀自苦君休笑寸步何曾不險艱

得成都諸友書勸少留嘉陽戲作

一坐五十日凝頑良可哀新涼爲醉地少訟作慵媒市柳風煙慘汀蘋歲月催遠官從漫浪垂老欲低回

市柳汀蘋皆屬唐安

道院

四壁長苔痕經旬掩綠樽雨聲清夢境燈影伴吟魂

共飲玻瓈江
乃東坡句也

搖落悲徂歲漂流憶故園擬騷無傑語千古愧湘沅

醉中感懷

早歲 君王記姓名只今憔悴客邊城青衫猶[illegible]行舊白髮新從劍外生古戍旌旗秋慘淡高城[illegible]斗夜分明壯心未許全消盡醉聽檀槽出塞聲

玻瓈江一首 眉州共飲亭蓋取東坡共飲玻瓈江之句追懷舊遊戲作以補西州樂府

玻瓈江水千尺深不如江上離人心君行未過青衣縣妾心先到峨眉陰金鐏共釂不知曉月落煙渚天橫參車輪無角那得留住馬蹄不方何人尋空憑尺素

車輪無角
馬蹄不方
蜀人謂唐安
有三千官柳

寄幽恨縱有綠綺誰知音愁來只欲掩屏睡無奈夢
斷聞碑磓古樂府安得雙車輪一夜生四角唐人詩云長安塵土中馬蹄圓重重車馬蹄不方向處謁郎蹤

夜思

蒼顏華鬢又低摧歎息何堪歲月催殘暑着已隨團扇
去新涼還傍短檠來月痕澹澹侵苔砌雲葉蕭蕭覆
水臺簿領沈迷無日了試憑詩思洗氛埃

雨夜懷唐安

歸心日夜逆江流官柳三千憶蜀州小閣簾櫳[illegible]夢
蝶平湖煙水已盟鷗螢依濕草同爲旅雨滴空階別

琵琶

是愁堪笑邦人不解事區區猶借陸君留蜀人舊謂唐安有三千官柳四十琵琶濕螢依草没梅宛陵詩

迎詔書

憤瞻鑾仗省門前扇影鞭聲下九天寂寞喜[illegible]迎詔處忽聞鼓吹却悽然

秋夜遣懷

江雲傍簷山雨細羇客空堂臥荒翳心如秋鷰不安巢迹似春萍本無柢官身奔走何時定病眼蒙籠惟欲閑壯遊不復記隊鞭夜語誰能懷擁髻詩情已減但微吟酒戒漸堅纔小嚌從今更擬嘗幽禪半世偎

倀眞說計

送客至江上

多事經旬不出城今朝送客此閑行郊原遠帶新晴色人語中含樂歲聲天際斂雲山盡出江流收漲水初平故園社友應惆悵五歲無端棄耦耕

雨中至西林寺

罥中荆棘費鉏耘正藉幽尋暫解紛不盡長江來畫玉半空飛閣對凌雲昏昏橫靄憑軒見杳杳[illegible]隔岸聞珍重山僧迎客意蟠盦一縷起微熏洋沙[illegible]臨源

自大渡河

休日登花將軍廟小樓

林間縹緲出層樓欄角蒼茫萬頃秋曾是會[illegible]雲

夢不妨此地少遲留

深居

作吏難堪簿領迷深居聊復學幽棲病來酒戶何妨

小老去詩名不厭低寒落野雲寒傍水霏微山雨曉

成泥自憐甫里家風在小摘殘蔬遶廢畦

秋夜獨醉戲題

弊袍羸馬遍天涯恰似伶優着處家社甕嫩醅初泛

蟻寒釭殘燼自成花幽窗照影烏巾斤斡手題詩之

墨斜莫恨久爲峨下客江吴歸去得夸誇

感事

清班曾見六龍飛晚落天涯遠日畿邊月空悲新雪鬢京塵猶染舊朝衣江山壯麗詩難敵風物蕭條醉絕稀賴有東湖堪吏隱寄聲籬菊待吾歸

醉鄉

醉鄉上策亦佳哉但苦無情白髮催癡欲前[illegible]黏日月狂思入海訪蓬萊辭巢歸燕先秋去泣露[illegible]近社開莫惜傾家供作樂古人白骨有蒼苔

夜讀岑嘉州詩集

漢嘉山水邦岑公昔所寓公詩信豪偉筆力追李杜
尚想從軍時氣無玉關路（公詩多從戎西邊時所作）至今[illegible][illegible]傳
多昔横槊賦零落財百篇崔嵬多傑句工夫[illegible]造化
音節配韶頀我後四百年清夢奉巾屨晚途[illegible]奇事
隨牒得補處羣胡自魚肉　明主方北顧誦公天山篇
流涕思一遇

次韻師伯渾見寄

眉山漢嘉東西州估船日日到津頭不得講書一行
字倚遍臨江百尺樓黃鐘大呂忽復見繡段黃金盌何
足酬願約青神王夫子來醉萬景作中秋

二詩渾刊

此首得刊

秋社

社前一夕未昏輒寢中夜乃得寐

祠事當行懼不任未昏強卧擁孤衾三更自覺元無睡萬事從來忌有心簷角河傾秋耿耿床頭蟲語夜愔愔若耶溪上蘋花老倦枕何人聽越吟

晚雨

蕭瑟度橫塘霏微映繚牆壓低塵不動灑急土生香聲入楸梧碎清分枕簟涼回頭忽陳迹簷角挂斜陽

社日

百穀登場酒滿卮神林簫鼓晚清悲蟬依跂木[illegible]處燕委空巢大去時幼學已忘那用忌鄉俗小兒女社日忌習業

嘉州大閱

微聾自樂不須醫古謂社酒治聾傷心故里雞豚集父老逢迎正見思

夜雨感懷

老來每惜歲崢嶸幾爲巴歌共宿酲白帝草荒時入夢錦官花重更關情簾櫳夜雨侵燈暈枕簟秋風遞角聲定許何時理歸櫂酒狂猶解賦蕪城

八月二十二日嘉州大閱

陌上弓刀擁寓公水邊旌旆卷秋風書生又試戎衣窄山郡新添畫角雄郡舊止角四枝近方增如式早事樞庭虛畫策晚遊幕府媿無功草間鼠輩何勞磔要挽天河洗

夢笑作詩

洛嵩[illegible]

九月六夜夢中作笑詩覺而忘之明日戲

追補一首

吾家笑疾自士龍我才雖卑笑則同紛紛世事何足
計盡付撫掌掀髯中清樽可醉風月好虛空萬象皆
絶倒問君此笑是喜不喜得老夫輸一籌

重九會飲萬景樓

粲粲黄花手自持登高聊荅此佳時纖雲一不[illegible]山
祟斗酒聊寛去國思落日樓臺頻徙倚西風吉[illegible]
淒悲彭城戲馬平生意強爲巴歌一解頤是日作竹枝歌舞

報嘉陽除官還
東湖

久客書懷

行役飽看山沉綿剩得閑忘憂緣落魄耐苦[illegible]
射虎臨秦塞騎驢入蜀關芳洲蘭可佩幽砌[illegible]攀
欸乃聲饒楚陬隅句帶蠻[illegible]悠然長[illegible]遣故
里幾時還

初報嘉陽除官還東湖有期喜而有作

塞上經秋幾醉醒羇愁減盡鬢邊青烽傳八詔登樓
看歌奏三巴忍淚聽好語忽聞還印綬歸心先已繞
林坰呼見結束從今日鵲語燈花故有靈[illegible]女燈有花今早鵲聲遠舍皆紀實事

聞勾龍司户會客山亭送[illegible][illegible]穀及橄欖并

簡諸同僚

東山如高人吾輩豈易見君獨不出門終日與相面
陰晴煙雨月朝莫知幾變聞君交不瀆冠佩未嘗燕
弛張要有時一笑山未譴高秋得佳日折簡喚諸彦
風流非俗飲歌舞參筆硯但恨丑白尹阻造一語掾
（予方卧疾）清樽遣分似霜果亦[illegible][illegible]爛醉君勿辭[illegible]景真
掣電

九月十六日夜夢駐軍河外遣[illegible]

城覺而有作

可謂善緣相生

殺氣昏昏横塞上東並黄河開玉帳晝孤羽檄下列

城夜脫貂裘撫降將將軍壓上汗血馬猛[illegible]

丈龍階前白刃明如霜門外長戟森相向并 巴地

吹急雪轉聊玉花溼一丈旌[illegible]鐵衣冷徹骨[illegible]義懷

恩如挾纊腥臊窟穴一[illegible]空太行北獄元無忘更呼

斗酒作長歌要遣天山健見唱

何元立示九日詩卧病累日乃能次韻

何郎戲寫菊花秋落筆縱横豈易酬高豪士乃能爲老

伴寓公那得稱遨頭早衰不耐危亭冷 夜登憲嘉會亭闌干晉

數日獨卧空驚畫角愁病起尚思尋宿約一樽從子醉

成都行不滑
老子興不淺

東樓

成都行

倚錦瑟擊玉壺吳中狂士遊成都成都海棠十萬株繁華盛麗天下無青絲金絡白雪駒日斜馳遣迎名姝燕脂褪盡見玉膚綠鬟半脫嬌不梳吳綾便面對客書斜行小草密復疏墨君秀潤瘦不枯風枝雨葉筆筆殊月浸羅襪清夜徂滿身花影醉索扶東來此歡墮空虛坐悲新霜點鬢鬚易求合浦千斛珠難覓錦江雙鯉魚

聞虜亂有感

前年從軍南山南夜出馳獵常半酣玄熊蒼兕積如阜赤手曳虎毛毵毵有時登高望鄠杜悲歌[illegible][illegible]如雨頭顱自揣已可知一死猶思報明主近[illegible][illegible]虜自相殘秋風撫劍淚汍瀾洛[illegible]八陵那忍說[illegible][illegible]座塵昏松栢寒儒冠忽忽垂二十急裝何由穿袴[illegible]羞爲老驥伏櫪悲寧作枯魚過河泣古樂府枯魚詩云枯魚過河泣何時復還入作書與魴鱮相教謹出入

## 醉歌

我飲江樓上闌干四面空手把白玉船身遊水精宮方我吸酒時江山入胷中肺肝生崔嵬吐出爲長虹

全是長吉氣象

亦澤流不假山

泥世將自泥耳

欲吐輒復吞頗畏驚兒童乾坤大如許無處着此翁何當呼青鸞更駕萬里風

初寒

江路常逢雨山城早得寒蘭凋初解佩菊老尚加餐嘉陽有崇蘭以八九月盛開節物知何負情懷自鮮歡浮生看已熟不必夢邯鄲

木山一首

枯楠千歲遭風雷披枝折榦吁可哀輪囷無所施秋水初落浮江來嵌空宛轉若耳鼻峭瘦[illegible]嵬珠宮貝闕留不得忽出洲渚知誰推高窓正對

嘉陽絕無桂花

雲洞啓叢菊初傍幽篁栽是閒着汝頗宜[illegible]撫摩挲朝暮眞千回天公解事雨十[illegible][illegible]盞泥滓瀉[illegible]一馨吾所許不須更慕明堂甘

寒夜遣懷

臨觴本不飲憂多自成酌四方行萬里不見堪憂地憶昔入京都寶馬搖香鬃酣飲青樓夜歌聲在半空去日不可挽華髮忽垂領娟娟峨眉月相對作淒冷月落照空牀不寐聽寒螿早知憂隨人何用去故鄉

嘉陽絕無木犀偶得一枝戲作

久客紅塵不自憐眼明初見廣寒仙不鏡[illegible][illegible]同時

出墻占江梅一着先重露濕香幽徑曉斜陽焚葉小

憁妍何人更與蒸沉水金鴨華燈惱醉眠

雨後登西樓獨酌

老覺人間無一欣強尋高處看歸雲天空列嶂開圖

畫水落寒江學篆文四海道途行太半百年光景近

中分交遊賴有麴生在[illegible]向愁時[illegible]策勳

喜晴

西風吹雨冷凄凄道上行人白晝迷聊扶重[illegible][illegible]朝

日未容嘉穀卧秋泥年豐[illegible]君所踩文檄鑾

鼓鼙寄語農家莫遊惰冬閑正要飽鉏犂

倒行直壁無取
不可
浮橋成

曉出城東

渺渺長江下估舩亭亭孤塔隱蒼煙一不堪地更遇初寒慘澹天巾褐已成歸有約簞瓢從去無緣包著強索侏儒米豪氣無人記少年

寶劍吟

幽人枕寶劍殷殷夜有聲人言劍化龍直恐興風霆不然憤狂虜慨然思遐征取酒起酹劍至寶當潛形豈無知君者時來自施行一匣有餘地胡爲鳴不平

十月一日浮橋成以故事宴客凌雲

陰風吹雨白晝昏誰掃雲霧升朝暾三江水宿獻

渚九頂秀色欲塞門西山下竹十萬箇江面便可騎
車轔巷無居人亦何怪釋耒來看空山村竹枝宛轉
秋猿苦桑落瀲灧春泉渾衆賓共醉忘燭跋一徑却
下緣雲根走奏沙人語若潮卷爭擒炬火如星繁肩輿
睡兀到東郭空有醉墨留衫痕十年萬事俱變滅點
檢自覺惟身存寒燈夜[illegible]照耿耿[illegible]賦長句[illegible]羈魂

聞王嘉叟訃報[illegible]作

嗚呼嘉叟今信死哭君寢門淚如水我初[illegible]入[illegible]妄
交傾倒如君數人耳龍[illegible]路[illegible]不相過劇談
隣里地爐爊栗芋莫匆蔘石鼎茸紫茶當醪醴上

何勇決作詩送君猶壯偉十年偶復過我
制西垣裏鬢鬚班白面骨小[illegible]頗疑君遽
倒不候達官每欲寄聲中輒止要雞絮酒縱[illegible]何雙
魚素書長已矣生前客屢[illegible]滿户身後人情[illegible]得於紙
懸知海内莆陽公（謂陳丞相）獨念遺孤[illegible]為經紀

出城至呂公亭按視修堤

翠靄橫山澹日昇孤亭聊借曲欄憑霜威漸重江初
縮農事方休役可興重阜護城高歷歷千夫在野築
登登寓公僅踵前人迹伐石西山根未能（西州築堤鐵所貯江石不三年輒壞意謂城足以中取大石甃成則可支久異日當有樂此者云）

綿本亦此合

醉草

登樓

從來好境遍人間無柰勞生自欠閑江近時時吹白雨樓高面面看青山歌聲哀怨傳三疊行色凄涼帶百蠻（嘉陽近諸蠻）流落愛君心未已夢魂猶繞紫宸班

醉中作四絶句

晚途豪氣未低摧一飲猶能三百杯爛爛目光方似電齁齁鼻息忽如雷

其二

駕鶴孤飛萬里風偶然來戲大峨東持杯會要看青天入酒中

碧琳腴[illegible]

神仙中人

大散関圖

其三

曾賜琳腴白玉京狂歌起舞[illegible]人驚却騎

去今夕垂虹醉月明

其四

畫角三終夜未闌醉憑飛閣喜天寬月明滿地江風

急吹落幽人紫綺冠

觀大散關圖有感

上馬擊狂胡下馬草軍書二十抱此志五十猶癯儒

大散陳倉間山川鬱盤紆勁氣鍾義士可與共壯圖

坡陁咸陽城秦漢之故都王氣浮夕靄宮室生春蕪

使其遂吉去

尤可觀

作嘉州郡圃

甫成而丹

安得從王師汎掃迎皇輿黃河與函谷四海通舟車
士馬發燕趙布帛來青徐先當營七廟次第畫九
衢偏師縛可汗傾都觀受俘上壽大安宮復如正
觀初夫夫畢此願死與螻蟻殊志大浩無期醉膽空
滿軀

嘉州守宅舊[illegible]後圃因[illegible][illegible]事之[illegible][illegible]種花
築亭觀甫成而[illegible][illegible]作長句

吾州山水西州冠正欠雄樓并[illegible]觀奇峯秀[illegible][illegible]彈
壓明月淸風須判斷三峨[illegible][illegible]至君[illegible]創
几案煙雲舒卷水墨圖草木青紅錦繡叚

共登臨百年父老俱驚惋縈回舞袖試已

蘚學珠貫佳人蜂蝶爭澆[illegible]賣[illegible]今[illegible]

雖作一月留梅發東湖歸思亂[illegible]戲聊成此[illegible]陳

迹應留後人歎明朝艤子[illegible]羗却伴謫仙[illegible]汗漫

連日扶病領[illegible]殆不能[illegible]枕上哀[illegible]故山偶

成

已強迂踈假印章吏扶衰病主杯觴功名已判初心

負豪俠都無故態從靜覺此身猶外物嬾思與世求

相忘淸泉白石生來事曲几明牕味最長

予往與宇文叔介同客山[illegible]今年叔介守[illegible]

死臨安十一月十一日夜忽[illegible]相從耳架上
書共讀如平生讀未竟忽辭去留之不可
曰欲歸校藥方既覺泫然不能已因賦此
詩
羇魂憔悴遠相尋髭斷肩寒帶苦吟歸校[illegible]藥方緣底
事知君死抱濟時心

金錯刀行

黃金錯刀白玉裝夜穿牕扉出[illegible]芒丈夫五[illegible]
立提刀獨立顧八荒京華結[illegible]
生死千年史策恥無名一片丹心報天子

物性猶不可限

天漢濱南山曉雪玉嶙峋嗚呼楚雖三
有堂堂中國空無人

言懷 二首

蘭碎作香塵竹裂成直紋　火熾崑岡美玉亦受焚
孤生抱寸志流離敢忘君　釀桂餐菊苗　齋三沐
熏孰云九關遠精意當徹聞捐軀誠有[illegible]賈勇先三
軍不然齎恨死猶異揚清芬願乞一棺地葬近要離
墳

十月十九日與客飲忽記去年此時自錦
屏歸山南道中小猊今又將去[illegible]

訒錫屏小祥

去年縱獵韓壇側五皺自擇南山雪今年痛飲蜀江邊金杯却吸峨眉月竹枝歌舞新教成凄怨傳得三巴聲城頭築觀出雲雨峨眉正與闌干平酒酣詩就擲杯去醉蹋玻瓈江上路懸知幽磵斷橋邊已有梅花開半樹

冬日

短景忽忽過新寒疊疊來[illegible]聊戲耳世事[illegible]悠哉
綠動連林麥香吹到處梅錦坊[illegible]卯窑歸去[illegible]回

十月十四夜月終夜如晝

月從海東來徑尺鎔銀盤西行到峨眉下

詠梅

幽人耿不寐弄影清夜闌五城十二樓[illegible]

不知何仙人亭亭倚高寒[illegible]

叩頭儻見哀容我躡素鸞攜雲[illegible]少焉將承屑[illegible]爲餐

泠泠漱齒[illegible]皓皓濯肺肝[illegible]從君遊人間[illegible]無歡

下元日五更[illegible]天慶觀[illegible]林寺

朝罷琳宮詣寶坊強扶衰疾具[illegible]裳擁[illegible]假寐籃輿

穩夾道吹煙樵炬香樓外曉星猶[illegible]落山頭初日巳

蒼涼鳴騶應者[illegible]高人笑五斗驅[illegible]忙

梅花四首

老厭紛紛[illegible]變[illegible]聊復[illegible]江干[illegible]守[illegible]

詠梅

瘦雪後簷[illegible]西畝寒野旋幽尋舊處晚紗巾貫持醉

更闌花倚[illegible][illegible][illegible][illegible]結子青青亦帶酸

其二

月地雲階[illegible][illegible]腸知心誰解賞孤芳相逢只恐影亦

好歸去始驚[illegible]染香渡口耐寒窺淨綠[illegible][illegible]逍凝怨心立

昏黃與[illegible]俱是江南客[illegible]欲樽前[illegible][illegible]故鄉

其三

玄冥行令肅冰霜墻角疎梅特[illegible][illegible]兵開玉芝[illegible]月

乃堆金難買破天荒了知[illegible][illegible][illegible]

欲儘力量世間誰得似挽回歲律放春陽

其四

折得名花伴此翁詩情恰王安[illegible]

有尤物真窮造化功霧雨更知[illegible]膏另鈴尹　邑

麈空前身[illegible]射疑君是問[illegible]　須順下風

西園

半掩朱門蘚逕斜翠屏繡谷忽谽谺高[illegible]下下天成

景密密疎疎自在花江近夕陽迎宿鷺林昏殘角促

歸鴉五吾舟已繫纜　南岸喚客猶能一笑講

胡無人

鬚如蝟毛磔面如紫石稜丈夫出門無萬里[illegible]雲

[illegible]

會立可乘追[illegible]宿青海月奪城存[illegible]蹟黃河水鐘[illegible]

度磧雨[illegible]鼓[illegible]飛雷憑憑三更窮虜送降款天

明積甲山立[illegible]中華初識汗血馬東西一冉二員霜毛鷹

羣陰伏[illegible]昇胡無人宋中興丈夫報主有如此笑人

人白首還[illegible]燈

公無渡河 聞[illegible]安宗溺[illegible]於[illegible]陵[illegible]氏其家人作

大莫大於[illegible]生親莫親於[illegible]不可憑兮[illegible]有難

知言之不從兮繼以痛哭望雲[illegible]井兮白良[illegible]剖

肝瀝血兮不從奈何秋風[illegible]

死兮下飽蛟鼉

## 長門怨

寒風號有聲寒日慘無暉空[illegible]

今年選後宮連娟千蛾眉早知[illegible]言誤[illegible]才[illegible]遲

聲當徹九[illegible]淚當達九泉[illegible]復見思生嘗[illegible]一葉捐

## 長信宮詞

憶年十七兮初入未央獲侍步輦兮恭[illegible]能光地寒

祚薄兮自貽不祥讒言乘之兮罪釁日彰禍來豈羲

兮勢如壞牆[illegible]重誅兮鼎耳劍鋋長信雖遠兮匪

棄路旁歲給絮帛[illegible]月賜稻粱君舉玉食兮辱箸誰

嘗君御朝[illegible]兮誰進熏香婕妤才人[illegible]儀上[illegible]

君臣之義之年

如此

[illegible]

秋萬歲兮永[illegible][illegible]王妻雖[illegible]襄兮[illegible]共[illegible][illegible]兮

繭館兮[illegible][illegible]玄書　訴不得兮仰呼蒼蒼佩服忠貞

兮之死敢忘

銅雀妓

武王在時教歌舞那知淚灑西陵土君[illegible]兮妾獨

生生何[illegible]兮死何苦亦[illegible]從死非[illegible]意[illegible]　一旦懸

天地長夜[illegible][illegible]昏死實難孰[illegible]死心所安

得韓无咎書寄使虜[illegible][illegible]東鄰[illegible]　作

小闕

大梁二月杏花開錦衣公子乘傳來桐[illegible]

得金鑾琤瓏上源驛上源驛中捉畫鼓

作主舞女不記宣和粧盧兒

宴時詩歸鬢知添幾縷絲有志

據拂雲祠 在拂雲祠 受降城

曉坐

低枕孤衾夜氣存披衣起坐默忘言 盡無風

墮爐火灰深到曉溫空憶時時聞鼠 小窗一一送

鵾雞悠悠記幽居日下搨先開水 門

斷碑 元姚燧渡園以拾碑為石筍文可識蓋柔書劉基碑簡文為太

子時撰書法

宣美何處

梁蕭同文如太子時
不攉

二蕭同葬□聞□□□□文叔與伯□ 主今□人耳□
死齊恨□八見梁□ 宗□之陵父爲谷豈惟羣盜分
珠玉斷碑□牙弄□ 邊文字班班猶可讀剝蝕苔蘚
一悽然俯仰之間幾變遷世人作碑尹易晒千載園
林須石筍

夜行至平□□大悲院

憶昨遊天□□夜投石橋宿 亂人語爐山 □山谷
穿林有驚麛□道多奔鹿今夕人何夕比昔 □自
蒼茫陂十里清淺溪數曰行
下馬甜憩村寺頹然睡清熟覺來窗忽已白

鵝黃[illegible] 西蜀 若醇

迓益帥馬上作

馬上遥看江上山白雲[illegible]

日却向忙中得少閑

[illegible]酒歌

漢州鵝黃鸞鳳雛不鷙不搏德有餘眉[illegible]天馬

駒出門已無萬里塗病夫少年夢清都曾賜虛皇

碧琳腴文德殿門辰奏書歸局黃封羅百壺十年

留落狂不除遍走人間尋酒壚青絲[illegible]瓶到處酤鵝

黃玻璨一滴無安得豪士致連車倒缾不用杯與盂

琵琶如雷聒坐隅不愁渴死老相如

對梅花韵

可以想像其風

筆之深

十一月八日夜燈下對□花獨酌

甚頗白也

奔走人間無已時忽喜對出塵姿燈看影憐渠瘦掩戶留香笑我癡冷豔照杯欺麴蘖孤標逼硯結冰澌本來難入繁華社莫向春風怨不

醉後草書歌可戲作

朱樓矯首盤八荒綠酒一白觴洗我胸中孛蠑之胸次寫之□洮放縱之詞章出胸中世怪字瘦忽作蛟螭偃寶刀出□□紙窮擲筆霹靂響婦女驚走兒童藏往

域颯颯聲動中書堂予嘗草丞相魯公與夏國主書於政事

跡忽十載西掠三巴窮之[illegible]

酒美猶能狂[illegible]　目脫頭上幘　[illegible]詩

生得喪自[illegible]繫事故[illegible]謂老大[illegible]傷

## 古藤拄杖歌

我有古藤杖夭矯蛟龍形生於峭壁絕[illegible]上乃是會

稽山陰之蘭亭歷[illegible]入楚上巴峽北游直看秦山青

夜飛或隨暴雨[illegible]迴常帶流聲喧[illegible]子扶攜各老

大匆復狡獪誇[illegible]憤憤從此常倚壁聽我夜誦黃

庭經

歲晚書懷

殘歲堂堂去，新春[illegible]來。夢移鄉[illegible]近，酒挽壯心回。暖律初催柳，晴[illegible]上梅。東湖有歸[illegible]，衰抱得舒開。已遣人迓新守

累日倦甚，不能觴客，睡起感[illegible]

紛鬧[illegible]爲鐏俎薄，不如一酒得安[illegible]。無[illegible]淨生夢有力聊[illegible]造物權挩鬓[illegible]眞老矣，幽[illegible]凡故脩然晚知[illegible]邊語正合[illegible]

種花

西園作戲喚春回，桃李陰陰三萬栽。不

遍錦江煙柳待歸來 時將還成都

雨中登樓[illegible]

去年寒雨[illegible]度劍閣今[illegible]官[illegible]騎[illegible]城析

巍巍千[illegible]傷輿我兩家[illegible]閣四海[illegible]可託

但當[illegible]自省諸惡誓[illegible]作時時一[illegible]惡萬[illegible]安不怍

桑門[illegible]祇三宿堅坐[illegible]渠樂却應輸老[illegible]春買芒蹻

迎赦

王志夫李德孺[illegible]伯渾

平明置騎傳詔[illegible]意欲與東[illegible]青城回使國

人喜金雞銜赦[illegible]覃 吾君愛[illegible]靡不到黃[illegible]

密如吳蠶紀元赦[illegible]極用九聖政未[illegible]天[illegible]

元年 嗟予久已去細[illegible]夢想豹尾猶[illegible]老遲[illegible]

拜赦始知身落[illegible]開歡呼已怪[illegible]柄愈蹈舞更[illegible]

春風酣何當與子[illegible]載二月起[illegible]籃

冬日

幸[illegible]無了事癡[illegible]聊復學兒嬉[illegible]筆臨唐

帖夜[illegible]朱勘楚詞[illegible]無梅[illegible]拆[illegible]有盤

堪持舊[illegible]隔音塵斷安[illegible]乎共一扃[illegible]惟嘉

[illegible]起

礫礫寒[illegible]無定棲纖[illegible]

熱雪積爐灰火漸[illegible]一氣推移均對馬[illegible]

得梅一枝

醯鷄青山黃葉蘭亭路憶與隣翁共架

十二月初一日作

今[illegible]是四賦此也

高標已歇[illegible]花羣尚怨嫣[illegible]氣存月[illegible][illegible]佚換

骨燗[illegible]鼓瑟爲招魂孤[illegible]小驛初[illegible]雪[illegible]鍾半

撈[illegible][illegible]意端相終[illegible]作夜寒皺玉倩[illegible]

無題

畫閣無人晝漏[illegible]宗病思兩依依[illegible]梁雙鸞春[illegible]

到筝柱羈鴻暖[illegible]迎得紫姑占[illegible]信裁成白字

征衣晚來更就[illegible]簡問夢到遼陽[illegible]

快晴

地闢天開斗柄 升紅日遍池亭 新陽蘇醒

柳徑暖鷖浴雪 入屋螺青披雲 錦江鴨綠拖

山 袁翁也遂 吾旋撥文書近 杯

獨坐

巾帽 傾短髮稀青 影夜相 窮 春遲

到故國湖 山夢自歸茶 吹謾謾 散

翡翡贏驂 鑾望只願

十二月十一

江水卒白鑾輿中五月六月聲摩空巨

非思飛鶴句

似友生

視…深

雄欲取闤市爲龍宮横隄百丈臥霽中

平公今年…哉適歲豐…

織萬籠舩可…來亡窮横…九

在水廟東…登高原相…盾可受…蜿蜒

其…隆隆截如長…戎安何樣…如終…

江…堅可礲

題龍鶴

帖東坡先生元…中…其…人

帖史彥明主簿…云…春龍鶴

藥羹…想復…箸

先生直玉堂日…如何夢…山曉枕…

春蔬尚云爾況…朋友萬里一…合…

崔九高

探梅

先生高世人獨[illegible]早歸坐令龍[illegible]并[illegible]晉

春愁　　話成一作

處處殘至今三十[illegible]風春愁歲歲當[illegible]似外大瀛海

環瀛洲無有一洲[illegible]愁我願無愁[illegible]歡樂朱顏綠

鬢如昨金丹九轉[illegible]可聞玉兔千年[illegible]藥蜀姬

雙鬢姹嬌醉看愁鼻[illegible]豈不比世[illegible]無[illegible]到天

事難過苜蓿橋

[illegible]迟蠟梅十枝[illegible]

與梅同調同時我爲[illegible]

醉清狂頌減十年衰色疑初割蜂脾蜜

滕枝埽向寶壺猶未稱合將金屋貯幽[illegible]

醉 嘉州宿平羌

初挈囊衣宿々 肅然一掃舊[illegible]

拙却為無[illegible] 少怨恩自知 詛馬上[illegible]

雲根々[illegible] [illegible]踈雨平羌路[illegible] [illegible]從今入夢[illegible]

瑞草橋道 作

經年[illegible]何書無少暇[illegible] [illegible]今朝欣一跨[illegible] [illegible]年橋[illegible]

流[illegible]衣渡口山如[illegible] 翁醉着看龍[illegible] 小[illegible]

婭姹荒陂吹笛[illegible] 古路倚梯[illegible] 小[illegible]

不禁折香草手[illegible] [illegible]藉郵亭慈竹[illegible] [illegible]

蒭枝上架功名 有數利欲昏
自笑豈人謀閑施 從天借草相 語
裏芝征安穩駕祖 處浣花林會 酒
遊修曾
上 星百級梯詩 香椀手親携乃山
出天 燕盡處低花 忽驚春事晚
嵬迷興闌 掃禪房卧清 憑到
臨
雲薄漏 暉 开夕
小倦聊扶 新晴施 衣幽尋殊未巳書

暮春

忙裏偷閑尉晚途春來[illegible]

隊挾彈驚鳥 雅俗態似有[illegible]

清濯一樽[illegible] 處成幽賞[illegible] 今不用[illegible]

池上醉歌一[illegible]

我[illegible] 化人中天之[illegible] 下視四海皆飛

士入[illegible]之舟破浪[illegible] 求蓬萊取日[illegible]

春[illegible]回北斗魁横 尺作龍吟腰[illegible]

飲如長鯨海可[illegible] 汐倒高崔嵬

綠壯心未肯成[illegible] 我妓今朝如花

[illegible]詩集[illegible] 二十九

蒼苔後堂視令小[illegible]古對酒惜醉何[illegible]

四月五[illegible]螢

蜀州官居富水竹[illegible]螢火遶梁飛[illegible]

貧步[illegible]倦遊何日[illegible]

塞上曲

三尺[illegible]意一枝玉馬[illegible]安[illegible]把出關[illegible]去黃

當道何貫[illegible]云是玉門關[illegible]是屯守

馬色如雜[illegible]流水肅[illegible]

日落戍[illegible]青[illegible]重塞垣旹[illegible]

夜聞塔鈴及泉聲

山泉鳴幽竇塔鈴語天風清音無時盡

嗟我老紅塵市聲聒欲

夢騎白鳳 明珠

新刊劍南詩稾卷第四

甫詩卷八　一

橋寒日隋青荊洲

晚步

院荒有古意僧少無人聲徘徊檞陰下賞此落日明
著書亦何急寂寞身後名今年復止酒歌舞陳空觥
不如且消搖出門隨意行看竹入廢園望江上高城
纖纖素月出靄靄蒼煙橫此夕當復奇緱山吹玉笙

數日寒頓減頗有春意感懷賦短歌

微陰寒不力破臘春暗動林梢報梅白水際聞鳥哢
羇鴻衝蹬翮一一勞目送應憐飛蓬客猶作浣花夢
平生江海間[illegible][illegible]章豪縱豈知老畏死齋鉢受蔬上

如痛二字頗是
捍得好
未可左青

忍饞每自笑小飲未敢痛何以慰愁寂寥卧聽歷春多

春愁

春愁茫茫塞天地我行未到愁先至滿眼如雲忽復生尋人似瘡何由避客來勸我飛觥籌我笑謂客君罷休醉自醉倒愁自愁愁與酒如風馬牛

歲暮感懷

征塵十載暗戎衣虛負名山採藥期少日豈復疆曾草檄即今橫槊尚能詩昏昏殺氣秋登眺[illegible]颯颯飛雪出師會有英豪能共此鏡中未用歎[illegible]之

梅花

冰崖雪谷木未芽造物破荒開此花神一朶近有
道意莊色正知無邪高堅正要飽憂患[illegible]棄何遽愁
荒遐移根上苑亦過計竹籬茅屋真吾家平生自嫌
亦自許妙處可識不可誇金樽翠杓不免俗篝火爲
試江南茶

寺居夙興

閑居無一事[illegible]自夙興空庭翠霧合高樹紅日昇
曳杖遶四廊[illegible]燕不逢僧廚煙已漠漠魚鼓亦登登
晨粥[illegible]可憎[illegible]山[illegible]何許吾將買行縢

萬里[illegible]紅上習射

坡隴如濤東北[illegible][illegible]三看射及春晴風和衛減雕弓力野迴遙聞羽[illegible][illegible]六十邊[illegible][illegible]一可落草間狐兔不須驚丈夫未死誰能料一笑他年下百城

## 關山月

和戎詔下十五年將軍不戰空臨邊朱門沉沉按歌舞廐馬肥死弓斷弦戍樓刁斗催落月三十從軍今白髮笛裏誰知壯士心沙頭空照征人骨中原干戈古亦聞豈有逆胡傳子孫遺民忍死望恢復幾處今宵垂淚痕

## 出塞曲

佩刀一刺山爲開壯士大呼城爲摧不知

數但見動地銀山來長戈逐虎祁連北馬前曳來血

丹臆却回射鴈鴨緑江箭飛鴈起連雲黑請臯茂草

下程時野帳牛酒爭淋漓不學京都貴公子唾壺麈

尾事兒嬉

## 戰城南

王師出城南塵頭暗城北五軍戰馬如錯繡出入變

化不可測逆胡欺天負中國虎狼雖猛那勝德馬前

盟歃爭乞降滿地縱橫投劍戟將軍駐坡擁黃旗遣

騎傳令勿自疑詔書許汝以不死股栗何爲汗如雨

讀書二絶句

面骨崢嶸鬢欲踈深藏只合卧山廬自嫌尚有人間意射雉歸來夜讀書

其二

歸老寧無五畝園讀書本意在元元燈前目力雖非昔猶課蠅頭二萬言（時方讀小本通鑑）

晚過保福

堂靜僧閑普請踈爐紅氊煖坐冬餘[illegible][illegible]花池上容投杖椰子身中悔著書茶試趙坡如潑乳芋來犀浦可專車放翁一飽真無事擬伴園丁[illegible]

偶過浣花感舊遊戲作

憶昔初爲錦城客醉騎駿馬桃花色玉人攜手上江樓一笑鈎簾賞微雪寶釵換酒忽徑去三日樓中香未滅市人不識呼酒仙異事驚傳一城說至今西壁餘小草過眼年光如電掣正月錦江春水生花枝缺處小舟橫閑倚胡床吹玉笛東風十里斷腸聲

夜讀唐諸人詩多賦烽火者因記在山南時登城觀塞上傳烽追賦一首

我昔遊梁州軍中方罷戰登城看烽火川迥風裂面青熒並駱谷隱翳連鄠縣月黑望愈明雨急滅復見

初疑雲罅星又似山際電豈無酒滿樽對此不能醼低頭媿虎鞹零落白羽箭何時復關中却照甘泉殿

平明出小東門觀梅

知心多别離慰眼易零落東風吹梅花爛漫照城郭晴日千堆雪偏冝馬上看逢迎無幾日不惜犯春寒明年花發時我在兩京道花香固無盡我亦未遽老脫帽髮如漆看花心未灰平戎那得妨持酒會有詩傳劒外來

寺居睡覺二絶句

虛窻寂寂夜三更燈斂殘光避月明老

美媿聞童子誦經聲

其二

心地安平曉夢長忽聞魚鼓動作廊[illegible]衣起坐清齋甚想像雲堂煮粥香 僧雜菜餌之屬作粥名煮粥

樓上醉書

丈夫不虛生世間本意滅虜收河山豈知蹭蹬不稱意八年梁益凋朱顏三更撫枕忽大叫夢中奪得松亭關中原機會嗟屢失明日茵席留餘潸益州官樓酒如海我來解旗論日買酒酣博塞爲歡娛信手梟盧喝成采牛背爛爛電目光狂殺自謂元非狂故都

九廟臣敢忘　祖宗神靈在帝旁

醉題

裘馬清狂錦水濱最繁華地作閑人金壺投箭消長
日翠袖傳杯領好春幽鳥語隨歌處拍落花鋪作舞
時茵悠然自適君知否身與浮名若箇親

初春出遊

春風初來滿刀州江水照人如潑油[illegible]頂車芳草南陌
頭家家傾貲事遨遊萬里橋西[illegible]黃鸝[illegible]爲君一登戲
花樓半年長齋廢饑籌與來忽典千[illegible]長小桃婀娜
弄芳柔紅蘭茁芽滿春洲墟邊[illegible]一百月草纔

罷還藏鈎可憐世人自拘囚壯[illegible]歲百年

苦短去日遒問君安用萬戶侯

芳華樓夜飲二首

春風射雉苑城旁走馬還來入醉鄉夜暖酒波搖燭

焰舞回粧粉鑠花光浮生一笑常難必此樂宜年未

易忘莫作五陵豪俠看奚奴歸路有詩囊

其二

結客追遊亦樂哉城南城北古池臺香生赭汗連錢

馬光溢金船撥雪醅䪥覓長繩係日住且憑羯鼓喚

花開一春政使渾無事醉到清明得幾回

東門外遍歷諸園及僧院觀遊人之盛

馬上哦詩畫醉鞭東城南陌去翩翩微風蹙水魚鱗浪薄日烘雲卵色天偶屋鳩鳴閑院落爭門花簇小輜軿病來久已踈杯酌春物撩人又破禪

城東馬上作二首

古寺名園處處行翩然南陌復東城手柔弓燥獵徒喜耳熱酒酣詩興生月似有情迎馬上見鶯如相識向人鳴摩挲病眼還三歎猶擬中原看太平

其二

鬭鮮藉草醉春醪仰看鳴髇百尺高杜[illegible]希稷

尚孔明本自陋表旨邊頭插羽[illegible]津
鵰有
舊袍寄語長安衆年少姝圍不似亂

丁酉上元三首

突兀毬場錦繡峯遊人士女擁千重月離雲海飛金鏡燈射冰簾掣火龍信馬隨車紛醉俠賣薪買酒到耕農今年自笑眞衰矣但覺憑鞍睡思濃

其二

鼓吹連天沸五門燈山萬炬動黃昏美人與月正同色客子折梅空斷魂寶馬暗塵忘輦路釣船孤火夢江村古來漫道新知樂此意何由可共論

其三

放翁也入少年場一笑燈前未敢狂翠袖成圍歎骨冷氊車爭道覺塵香鑾酥點綴春風早楚餌留連夜漏長結騎莫辭侵曉色昔人萬里看西涼

後陵永慶院在大西門外不及一里蓋王建墓也有二石幢猶當時物又有太后墓琢石爲人馬甚偉

陵闕淒涼俯舊邦恨流衮衮似之江窣殘已歎金鳧盡缺落空餘石馬雙攫飯飢烏占空寺[illegible]飛鼠上經幢阿和乳臭崇韜老堪笑昏[illegible]

小飲逍園

少年結驕厭追歡漸老方知一笑難
醉登臨未覺怕春寒高林橫靄入青嶂亂蝶爭花錦
繡團滿眼風光索彈壓酒杯須似蜀江寬

和范舍人書懷

歲月如奔不可遮即令楊柳已藏鴉客中常欠樽中
酒馬上時看檐上花末路淒涼老巴蜀少年豪舉動
京華天魔久矣先成佛多病維摩尚在家

和范舍人病後二詩末章兼呈張正字

放衙元不爲春酲瀟蕩江天氣未清欲賞園花先害

杏花

到忽聞簷雨定心驚香雲不動熏籠煖蠟淚成堆斗帳明關隴宿兵胡未滅祝公垂意在蒼生

其二

士生不及慶曆初下方元祐當勿疎請看蛟龍得雲雨豈比鳥雀馴階除舍人起視北門草學士歸著東觀書劍外老農亦吐氣釀酒畦花常晏如

江路見杏花

我行浣花村紅杏紅於染數樹照南陂一林藏北崦雖慙嶺梅高繁麗豈易貶雨絲飛[illegible]長葉低未斂似嫌風日緊護此燕脂點身閑[illegible]所歎

夜聞雨聲

高簷夜雨瀉淋浪起擁寒衾旋炷香[illegible]豈堪頻破
壞客愁不可復禁當長鋏磊落輔郫釀輕騎聯翩邦

海棠着意物華君莫笑世間得喪更茫茫

海棠二絕

十里迢迢望碧雞一城晴雨不曾齊今朝未得平安
報便恐飛紅已作泥

其二

蜀地名花擅古今一枝氣可壓千林譏彈更到無香
處常恨人言太刻深

張園海棠

洛陽春信久不通姚魏開落胡塵中揚州千葉昔曾見已歎造化無餘功西來始見海棠盛成都第一推燕宮池臺掃除凡木盡天地眩轉花光紅慶雲墮空不飛去時有絳雪縈微風蜂蝶成團出無路我亦狂走迷西東此園低樹猶三丈錦繡却在青天上不須更着刀尺裁乞（去聲）與齊奴開步障

登劍南西川門感懷

自古高樓傷客情更堪萬里望吴京[illegible]暮雲[illegible]今客子欲歸春水生瘴癘連年[illegible]地着

業荊諸公勉畫平戎策投老深八吾人矣

和范舍人永康青城道中

風驅雨壓無淨埃驂驔千騎東方來勝遊公自輩手

謝淨社我亦追宗雷嵏山樓上一徙何如地始闢天

㭊開廓然眼界小三萬里山一螘垤水一杯世間幻妄

幾變滅正自不滿吾曹咍丈夫本須布衣老達士言

畏蒼顏催君看神君歲食羊四萬虧虧棄骨高成堆

西山老翁飽松麪造物賦予何遠哉

宿上清宮

永夜寥寥悄上清下聽萬壑度松聲星辰頓覺去

近風雨何曾敗月明是夕山下風雨絶頂月明達曉早歲文辭妨三道中年憂患博虛名一庵儻許四峯住常就巢僊問養生上官道人巢居山中

登上清小閣

樓觀參差倚曉晴偶然信脚得閑行欲求靈藥換凡骨先挽天河洗俗情雲作玉峯時特起山如翠浪盡東傾何因從此橫空去笙鶴飄然過沿城

小憩長生觀飯已遂行

清絶長生觀再遊疑後身人間空不[illegible]卜自壺春道士青精飯先生烏角巾回頭[illegible]悵望[illegible]征塵

眉州驛舍

新津小宴之明日欲游修　　不果

呈范舍人二絶句

風雨長亭話别離忍看清淚濕燕脂酒光搖蕩歌雲暖不似西樓夜宴時

其二

新津渡頭船欲開山亭準擬把離杯不如意事十八九正用此時風雨來

眉州驛舍睡起

平生百無能一嬾每自喜胡爲八年間逐食走萬里身如盤水轉心似爐丹死事君未免媿富貴不如□

結語太任之丹

雨餘古驛涼晝寐無錯履複澹然得高臥睡思極清凉
心平了無夢驚魔何自起尚嫌[illegible]漆園蝶肯作南柯螘
斜陽生木影龍蛇滿窗紙煎茶嘗已熟一笑問童子

送范舍人還朝

平生嗜酒不爲味聊欲醉中遺萬事酒醒客散獨淒
然枕上屢揮憂國淚君如高光那可負東都兒童作
胡語常時念此氣生癭況送公歸覲明主皇天震怒
賊得長三年胡星失光芒旄頭下掃在旦暮嗟此大
議知誰當公歸上前勉畫策先取[illegible]之可北堯舜
尚不有百蠻此賊何能穴中國要[illegible]人定

眉州作

知不作白頭新因公併寄千萬意思

虜塵

過魚蛇市小寺

六月苦多雨肩輿走江村過市居人集涉險兵子喧日昳休野寺汛掃開北軒霧氣如蒼虬夭矯出洞門溪清見白石糾結菖蒲根遊魚去甚健投餌棄不吞嗟予獨何爲貪祿忘故園馳驅不自恤面有風沙痕俯仰二十年竟孤明主恩寄謝衆君子努力蘇元元

眉州作

扁舟又不泛蟇津常恐黃塵解汙人爛醉破除千日恨予不至眉山三年矣狂吟判斷四州春此行自成都歷永康唐安至眉山

洲漸數蘋花老風露初嘗荔子新便欲騎鯨東海去

勝遊未忍別峨岷

過修覺山不果登覽

前日泛江時雨昏失南山今日迎我馬鬖髿擁髻鬟白塔映朱閣間見青林間問我豈亡之揚鞭亟西還西還亦聊爾行矣來憑欄擾擾紅塵中豈無一日閑會復賡此詩大書榜其顏但恐厄風雨清遊天所慳

青城縣會飲何氏池亭贈譚德稱

赤日黃塵行路難青城縣裏得偷閑[illegible]去國悲霜鬢六月登樓望雪山醉客千言[illegible]涓未

醜顏憑誰喚住譚夫子更與徘徊水

題庵壁

偶向城南卜草廬二年浪迹寄樵漁大牀獨卧豪猪在萬衆橫行策竟踈清濁戲分春甕酒朱黃閑勘補窻書衰顏安用頻看鏡日日元知有不如

幽居二首

殊方飄泊向誰論小住僧廬亦所欣得飽罷揮求米帖愛眼新著毀茶文摘蔬籃小春澹滴露斸藥鉏輕帶濕雲從此生涯足幽事宦遊虛尸半生勤

其二

剡曲故廬歸未得暫從地主借茅茨桃花春水夢不到菰菜秋風心自知強健猶穿兩屐榮華正似一鈎絲此心炯炯無人會煙雨蒼茫獨立時

浣花女

江頭女兒雙髻丫常隨阿母供桑麻當戶夜織聲伊啞地爐豆䕸煎土茶長成嫁與東西家柴門相對不上車青裙竹笥何所嗟插髻燁燁牽牛花城中妖姝臉如霞爭嫁官人慕高華青驪一出天之涯年年傷春抱琵琶

七月八日馬上作

溝水浸新月街槐生碧煙明河七夕後〃 門前

小市燈初開高樓鼓已傳賦詩寬定 号罷却淒然

江樓

急雨洗殘瘴江邊閑倚樓日依平野沒水帶斷槎流

擣紙荒村晚呼牛古巷秋腐儒憂國意此際入搔頭

夜登小南門城上

曳杖上江城清宵破二更月回高樹影風壯急灘聲

野艇魚罾舉優場炬火明湖塘正如此回首憶柴荊

予故山在鏡湖之南

野步至青羊宮偶懷前年嘗劇飲于此

至青年

錦官門外曳枯笻此地天教着放翁萬事元無工拙處一官已付有無中拏雲柏樹凌蛟立繞郭江流清鏡空欲把酒杯終覺嬾綏歌曾聽落花風

月夜江瀆池納涼

微逕荒城曲叢祠野水邊月能從我醉風欲駕人僊靜看黏螢草遙聞采芰船熱官那有此留滯莫尤天

華亭院僧房二首

半闔朱門見綠苔幽花仍傍小山開劍南七月暑未退明日更攜棋簟來

其二

悠悠馬上困思茶，休帽僧房到日斜[illegible]

滿小盆零落珊瑚花

乾明院觀畫

唐年蘭若占閑坊，名畫蕭條半在亡[illegible]欶欶踈篁常住[illegible]

雨陰古屋自生凉，入門疊鼓初[illegible]講，喚馬斜陽欲

滿廊顯晦熟思真有數，萬金奇跡一朶頽墻院中有[illegible]筌抱竹幾二十壁多已壞矣

登城

我登少城門，四顧天地接。大風正北起，號怒撼危堞。

九衢一日萬家樓觀爭岌業，卧病氣壅塞，放目意頗愜

永懷河洛間煌煌祖宗業上天祐仁聖萬邦盡臣妾
横流始靖康趙魏血可蹀小胡寧遠略爲國恃剽刼
自量勢難久外佷中已懾籍民備勝廣陛戟畏荆聶
誰能提萬騎大呼去聲擁馬鬣奇兵四面出快若霜掃
葉植旗朝受降馳騏夜奏捷豺狼一朝空狐兔何足
獵遺民世忠義泣血受汙脅繫箭射我詩往檄五陵
俠

秋日登仙遊閣

馬蹄連早暮車塵細如霧誰知此[illegible]高閣下風馭
頗傳秋月夕語笑聯杖屨始知仙亦人

我來想鸞鶴稽首祈一顧飛仙不可[illegible]續錢

白雲如有情傍我欄角住借問何以[illegible]却飛

## 自詠

華髮蕭蕭居士身江頭風雨折烏巾無人問字尤宜

嬾有吏徵租未是貧薄宦儻來難[illegible]向仗舊交漸少每

酸辛敲門且復尋僧話要結他生[illegible]物外因

## 雜詠絶句四首

青羊宮中竹暗天白馬廟畔柏如山琴樽處處可消

日車馬紛紛自欠閑

其二

石犀廟壖江已回陵谷一變吁可哀即今禾黍連雲處當日帆檣隱映來

其三

微風颯颯芋葉白落日漠漠稻花香出門縱轡何所詣萬里橋南追晚凉

其四

世事盛衰誰得知惠陵煙草掩柴扉陵邊人家叢竹裏燈火喧呼迎婦歸

大醉歸南禪弄影月下[illegible]

昔我變姓名釣魚散花洲有船不[illegible]

春影月下可想其清

即今客錦城醉過百花樓天風吹笛□輿付□空遊
月露浩無際指點隘九州君看塵□□及不此樂不
題詩碧玉簡飛仙相答酬酒醒墮何處樓臺海山秋

訪楊先輩不遇因至石室

訪客客已去追涼成獨行衣冠嚴漢殿草木拱秦城
古甃蒼苔滑空庭落日明出門還儻怳列屋打碑聲（墻東即石經堂）

病酒戲作

新秋風月佳數夕破酒戒飲少輒醉眠衰早頗自怪
高舂未離枕眩轉疑屋壞家人具雞豚熟視不能嘬

病酒

尚無千里蓴敢覓鏡湖蟹一杯苦賣壚價直婆婆[illegible]

訪昭覺老

久矣耆年罷送迎喜聞革履下堂聲遊山笑我驀直去過夏憐君太瘦生庭際楠陰凝晝寂墻頭鵲語報秋晴功名已付諸賢了長作閑人樂太平

晝卧

秋暑侵人氣力微燒香高枕掩齋扉弄姿野鷁晴猶斂作態江雲晚未歸身外極知皆夢事世間隨處有危機故山松菊今何似晚矣淵明[illegible]

晚步江上

動靜時有

萬里橋邊帶夕陽隔江漁市似清湘山林[illegible][illegible]吾何恨車馬交流渠自忙高柳陰中扶[illegible]杖平沙穩處據胡床故人京國無消息安得相攜共此涼

夜坐

大風橫吹斗柄折迅雷下擊山聲裂放翁閉戶寂不聞楞嚴卷盡燈花結

夜行

紅藤拄杖扶衰病村北村南破夜行閑繞長堤逐螢火戲臨荒沼問鼉聲倦遊但有笭箵興久客真諳襱襳情安得故人同一醉三更城上看河傾

畫燕

悲秋

一拋蓑笠雪溪舟八載梁州復益州纔破繁華海棠夢又驚搖落井梧秋曉班無復趨行殿晚境惟思老寢丘病肺經旬踈酒盞愁來惟是上南樓

城北青蓮院方丈壁間有畫鷰子者過客多題詩予亦戲作二絕句

一雙掠水鷰來初萬點飛花社雨餘辛苦成巢君[illegible]笑從來吾亦愛吾廬

其二

明窻短壁拂蛛絲常是江邊送客時留[illegible]生白

鬓不如巢鷰有歸期

睡起

閑身喜午睡睡起日猶早茂竹青入簷幽花紅出草
苔錢亦滿砌護惜不忍掃官情本自踈此地可忘老

天涯

天涯到處自生愁游子征塵暗弊裘燈火青熒五門
夜風煙索莫二江秋帝城漫誦新詩句客路難逢舊
輩流送老把茅須早決此生何止四宜休

暇日行城上同行追之不能及

疾步登城殊未衰欣然一笑擲筇枝正當闕似白鷗

老成健步

覷不減健如黃犢時秋野煙雲横慘淡暮天樓閣倚參差高吟醉舞忘歸去乞與丹青畫怪奇

感秋

西風繫杵擣征衣客子關情正此時萬事從初聊復爾百年強半欲何之畫堂蟋蟀怨清夜金井梧桐辭故枝一枕淒涼眠不得呼燈起作感秋詩

雙流旅舍三絕句

孤市人稀冷欲冰昏昏一盞店窗燈開門拂榻便酣寢我是江南行脚僧

其二

西風黃葉滿江村瘦馬來穿渡口雲動地侶　逢醉

尉誰何禁殺故將軍

其三

每因髀肉歎身閑聊欲勤勞鞍馬間黑稍黃旗端六

免會衝風雪出榆關

早行至江原

喔喔鳴雞促起程翩翩飛鷺導前征節旄盡落歸猶

遠帶眼頻移瘦自驚小市蕭條黃葉滿斷橋零落綠

苔生居人猶復多愁思何況天涯倦客情

安仁道中二首

安仁道中

千古臨邛路飄然偶獨遊病身寧迫老遠客更禁秋
水退橋未葺渡閑船自流飛騰前年少回首思悠悠

其二

三驛未爲遠衰翁愁出門貪程多卒卒失睡每昏昏
天大圍平野江回隔近村何時有人跡倖小築占雲根

八月十四夜有月

八月十四夜三义市對月

去年看月簷邊樓雲歸微光如玉鈎主人不樂客[illegible]
息清歌空送黃金舟今年看月三义市纖雲不作良
宵祟素娥命駕洗客愁我亦傾杯邀共醉風露萬里
方渺然冰輪無轍行碧天盈盈耿耿意無[illegible]不忍

文君井在邛州
傳爲卓氏故宅

落人忘眠一言欲報廣寒殿茅簷華屋共林 明年
萬事不足論但願月滿人常健

豐橋旅舍作

我本山林人心期在塵表出門消底物兩屬萬事了
羣兒何足慍爲汝常悄悄今朝山中路更喜相識少
三义市人醉爭席豐橋逆旅留饋食小婦梳髻高一
尺梭聲札札當户織

文君井

落魄西州泥酒杯酒酣幾度上琴臺青鞋自笑無羈
東又向文君井畔來 相如琴臺成都城中文君井在邛州相傳爲卓氏故宅

白鶴館夜坐

竹聲風雨交松聲波濤飜我坐一鶴館燈青無語言廓然心境寂一洗吏卒喧袖手哦新詩清寒媿雄渾屈宋死千載誰能起九原中間李與杜獨招湘水䰟自此競摹寫幾人望其藩蘭苕看翡翠煙雨啼青猿豈知雲海中九萬擊鵬鵾更闌燈欲死此意與誰論

南津勝因院亭子

南江平無風如鏡新拂拭漁舟不點破瀲瀲千頃碧闌干西北角雲散山爭出坡陁競南走翠入窻户窄江山不世情作意娛此客豈無樽中酒憂々

伯昔

邛州譙門三重

明當還成都塵土埋馬跡後巖在眼中飛[illegible][illegible]羽翼

後巖在鳳凰山後七八里山水尤奇絶

登邛州譙門門三重其西偏有神仙張四郎畫像張蓋隱白鶴山中

溼雲在脚底千里在眼邊攀躋忽[illegible]止倚柱眩欲顛車馬細如螘紛紛衢路間嗟汝何[illegible]者馳驅窮歲年我本澹蕩人此心實愛閑向來出處際不媿咫尺天風吹哦詩聲十里搖西山懸知老僊翁爲我一粲然

書寓舍壁二首

天與癡頑不解愁未埋病骨且[illegible]遊山於拄杖橫時

[illegible]邛有鶴山一
名鶴鳴山

看路到芸蘗破處休初擬燒丹▢南嶽却因學劒客
西州秋風巾褐添蕭爽又作臨邛十日留

其二

落佩頹冠慣放慵經旬寓館古臨邛西偏取路横穿
竹北向開門倒看松醉後蹇驢歸[illegible]暮閑來支枕睡
高舂鵠鳴山谷曾遊處剩欲扶犂學老農鵠鳴一名鶴鳴在邛
之大邑縣

次韻使君吏部見贈時欲遊鶴山以雨而
止

蟇頤江上約同行白鶴峯前席寄聲青[illegible]丁 男子

事後堂歌舞故人情午甌誰致葉家白春[illegible]撥郎

官清登覽不嫌煩喚雨十年芒屩費山程

西巖翠屏閣

把酒孤亭半日留西巖獨擅鶴山秋也知絶境終[illegible]

賦且喜閑身得縱遊鶻起危巢時[illegible]礫麏鳴深[illegible]春

吻吻人生適意方爲樂甲第朱門[illegible]孤自囚

幽居院

久墮塵沙裏幽尋始此行侵雲千嶂合披草一僧迎

蘚潤泉時滴崖傾竹倒生登高心乎曠回首失崢嶸

老矣猶孤客歸哉念耦耕結廬[illegible]未定此地頗關情

中溪

散人無俗事日日山中行今朝一溪青妙絶不可名幽處萬木合忽然千頃平緑黛染晴嶂白雲如玉城巖花勸小酌天風吹獨醒雖無九皋鶴奇哉此松聲我如折翼鵬回盡九萬程脫屣擲拄杖於此餞餘生

天台院有小閣下臨官道予為名曰玉霄

竹輿衝雨到天台緑樹陰中小閣開牓作玉霄君會否要知散吏按行來予所領崇道觀蓋在天台山中玉霄峯下

山中小雨得宇文使君簡問嘗見張仙翁乎戲作一絶

張仙挾彈

張僊挾彈知何往清嘯穿林但可聞拾得金[illegible]無處用爲君打散四山雲 張四郎常挾彈視人家有災疾者輒以鐵丸擊散之

雨中山行至松風亭忽澄霽

煙雨千峯擁髻鬟忽看青嶂白雲間卷藏破墨營筆却展將軍着色山

贈宋道人

我不如昔人騎鶴上九天玉簡奏事虛皇前平生嗇養氣粗全兩脚馳走輕如煙鳥道懸崖忽飛騫戲擲短劒聲鏗然轉盼跳下千仞淵已復取劒升層巔騰猱俊鶻爭後先飢食松花擲飛泉金骨綠髓漸凝堅

峯道人

口哦七字黃庭篇西來欲訪挾仙丹經劍訣黃精
研嗟哉一失五百年作詩付子□妄傳

自山中泛舟歸郡城

我呼小艇浮南津落日亂山銜半輪背船雙鷺低掠
水下灘峭風冷逼人中流回望始□息煙中白蒼高
嶙峋適從彼來忽在此老夫拄杖掛□有神尉曹□盞
笠澤膾秀才瀉榼中山春豈惟外物不掛眼醉後一
爾忘吾身朝冠行即掛神武買犢遂欲耕栽岷金丹
自喜日日長白髮未許年年新擁檜□火遠已鬧歸
舍睡息濤而今明朝笑謂同載客有腳莫□□半塵

## 次韻宇文使君山行

城中望西山爽氣固可致不如山中行衣屨染濃翠史君貧高逸鐵馬奏橫吹平郊何曠蕩脩竹亦清閟旣聞蘇門嘯遂挹浮丘袂似嫌太清絕開宴盡主[illegible]戲留楚臺雲賞屬闞姿媚珠貫按歌聲泉湧發[illegible]思歸來殊不倦吏牘閱千紙却笑江上人把酒輒遺事下客亦未衰尚可提萬騎安能學胡公危苦寄鶴翅

仙人胡安學道西巖跨鶴上昇山以此得名

## 同王無玷羅用之訪臨邛道士墓

樂天詩句本嘲詼那有人從碧落來五百年間逢好

事披榛來訪此崔嵬

登太平塔

我從平地來忽寄百尺巔眼力[illegible][illegible]脚力初不減少年漸高山愈出杳杳浮雲煙舉手捫參旗日月齊蟠旋天風忽吹衣便欲從此仙且復下山去著書[illegible]終篇

中夜投宿修覺寺

陸走崔嵬水下瀧客中更復客它邦晚離方井雲安市夜渡新津火照江人語紛紛投野寺牀敷草草寄僧窻五更風雨妨歸夢卧看殘燈吐半釭

絶勝亭

觀竹

蜀漢羈遊歲月侵京華乖隔少來音登臨忽[illegible]三江會飛動從來萬里心地勝頗驚詩律壯氣增不怕酒杯深一琴一劍白雲外揮手下山何處尋

雲谿觀竹戲書二絶句

氣蓋冰霜勁有餘江邊見此列僊[illegible]淸寒直入肌骨一點塵埃住得無

其二

溪光竹色兩相宜行到溪橋竹更奇對此莫論無肉瘦閑門可忍十年飢

九月十日如漢州[illegible]於新都彌牟之間

漢州小獵

獵以寓戰

投宿民家

適從邛州歸又作漢州去天低雲欲雪遊子悲歲暮
十年辭京國疋馬厭道路野火燒高岡江雲暗空戍
角弓寒始勁霜鶻飢更怒邂逅戍卒獵尺箠叩指呼
北連武侯祠南並雒子墓合圍蹙飛鹿設伏截狡兔
壯哉帶箭雉耿介死不顧吾寧暴天物戰法因之寓
黃昏過民家休馬燎裘袴割鮮盛燔炙毛血灑庭戶
老姥亦復奇汛掃邀我駐丈夫儻未死千金酬此遇

獵罷夜飲示獨孤生三首

客途孤憤只君知不作兒曹怨別離報國雖□包馬

革愛身未忍價羊皮呼鷹小獵新霜後彈鋏[illegible]歌夜雨時感槩却愁傷壯志倒瓶濁酒洗餘悲

其二

關輔何時一戰收蜀郊且復獵清秋洗空狡穴銀[illegible]鶻突過重城玉腕騮賊勢已衰真[illegible]慶士心未一尚私憂一樽共講平戎策勿為飛鳶念少游

其三

白袍如雪寶刀橫醉上銀鞍身更輕帖草角鷹掀兔窟憑風羽箭作鵶鳴關河可使成南北豪傑誰堪共死生欲疏萬言投魏闕燈前攬[illegible]涕先傾

[illegible]

自廣漢歸宿十八里市
月黑叩店門燈青坐牀簀飯麤[illegible]沙土菜瘦等草棘
泰然均一飽未覺異玉食我豈[illegible]女哉口腹爲怨德
古人恥懷禄不仕當力穡從今廿年手終老謝翰墨
東郊飲村酒大醉後作
丈夫無苟求君子有素守不能垂竹帛正可死畎畝
邯鄲枕中夢要是念所有持枕與農夫亦作此夢
今朝櫟林下取醉村市酒未敢羞空囊爛漫詩千首
九月十八夜夢避雨叩一僧院有老宿年
八十許邀留甚勤若舊相識者[illegible]爲賦

[illegible]

此詩

畫簷急雨傾高秋夜投丈室燈幽幽耆年擁毳
頭拂拭牀敷邀我留辦說戲擲香出喉蓬蓬結成蒼
玉毬蠻童揭簾侍者驚觸散香煙當罰油

秋晚登城北門

幅巾藜杖北城頭卷地西風滿眼愁一點烽傳散關
信兩行鴈帶杜陵秋山河興廢供搔首身世安危入
倚樓橫槊賦詩非復昔夢魂猶繞古梁州

新刊劍南詩稾卷第八

心與日石在中原

# 新刊劍南詩稾卷第九

山陰陸　游　務觀

## 秋興

成都城中秋夜長燈籠蠟紙明空堂高梧月白繞飛鵲衰草露濕啼寒螿堂上書生讀書罷欲眠未眠偏斷腸起行百匝幾歎息一夕綠髮成秋霜中原日月用胡曆幽州老酋著柘黃榮河溫洛底處所可使長作旃裘鄉百金戰袍鵰鶻盤三尺劍鋒霜雪寒一朝出塞君試看旦發寶雞暮長安

## 夜飲

引劍酣歌亦壯哉要君共覆手[illegible]杯秋鴻陣密横江[illegible]去暮角聲酣戰雨來莫恨皇天[illegible]老眼請看白骨有青苔中年倍覺流光速行矣西[illegible]又見梅

## 暮秋二首

晴序中年速風霜客路長孤愁巴[illegible]白濤夢[illegible]山蒼燈暗秋衡壁鍾疎夜舫林端居有[illegible]禄不敢恨[illegible]方

## 其二

萬里歸無策八年淹此留羞蒙子公力寧倦長卿遊聽雨瀟湘夜飛鷹鄠杜秋更須論富貴此計亦悠悠

## 夜雨有感

北風吹雨暗江郊十月僧廬旋補茅病馬敢希三品料驚禽聊借一枝巢少時諸老爭求識晚歲殊方罕定交閉戶不妨新得趣丹經盈篋手親抄

道室

一室冷如冰人疑在定僧手稱丹竈火紗護佛龕燈食減形雖槁心虛氣自凝平生坐忘論字字是銘膺

飯罷戲作

南市沽濁醪浮蛆甘不壞東門買彘骨醯醬點橙齏蒸雞最知名美不數魚蟹輪囷犀浦芋磊落新都菜欲賡老饕賦畏破頭陁戒况予齒日疎大臠敢屢嘬

杜老一死牛角千古懲禍敗閉門 [illegible] 朝霞無病亦無信

初冬夜宴

絲管紛紛燭滿堂梟盧擲罷夜[illegible]觴帷犀風定歌雲

暖香獸煙濃漏箭長從菊已成昔日夢探梅又續去

年狂醉歸自笑摧頹甚冷逼貂裘[illegible]曉霜

冬夜醉歸復小飲

野外歸來晚空庭露氣新乍晴雲姊月多病酒欺

倚杖行吟叟投杯起舞頻早梅消息動春事漸關身

病酒述懷

閑處天教着放翁草廬高卧作檣東數莖白髮悲秋

後一醆青燈病酒中李廣射歸關月墮劉琨嘯罷塞
雲空古人意氣憑君看不待功成固已雄

數日暄妍頗有春意予閑居無日不出遊

戲作

小春花蕾索春饒已有暄風入紫[illegible]村路雨晴鳩婦
喜射場草綠雉媒嬌苑邊結客飛[illegible]勤樓上誰家弄
玉簫莫怪夕陽歸獨後早梅嗅[illegible]度谿橋蜀宣華苑在摩訶池上

遣興

看舊日凋謝將如此老何濺沾[illegible]意舞狂叩唾壺歌
郡縣輕民力封疆恃虜和功名[illegible]看鏡吾意已蹉跎

禪伯淸古必刻思

士可辨

趙將軍 并序

客爲予言靖康建炎間關中有奇士趙宗印者提義兵擊虜有衆數千所向輒下虜不敢當會王師敗於富平宗印知事不濟大慟於王景略廟盡以金帛散其下被髮入華山不知所終予感其事爲作此詩

我夢遊太華雲開千仞青壁立山瀉黃河萬古仰巨靈往者禍亂初氛祲干太寧豈無臥雲龍一起斡風霆時事方錯繆三秦盡羶腥山河銷王氣原野失大刑將軍散髮去短劍斸茯苓定知三峯上爛醉今未醒

越女一笑留三年

江樓醉中作

淋漓百榼宴江樓秉燭揮毫氣尚遒天上但聞星主酒人間寧有地埋憂生希李廣名飛將死慕劉伶贈醉侯戲語佳人頻一笑錦城已是六年留退之詩云越女一笑三年留

曳策遊房園作

慈竹蕭森拱廢臺醉歸曳策一徘徊紛紛落日牛羊下黯黯長空霰雪來三峽猿催淚落兩京梅傍戰塵開客懷已是淒涼甚更聽城頭畫角哀

謁漢昭烈惠陵及諸葛公祠宇

謁漢昭烈惠
陵及諸葛公祠
武侯正如此

劍南詩卷六

雨止風益豪雲作雲不動凄涼　陵廟衰草卧翁仲畫妓空筌箏土馬闕羈鞚壞垣　犢耕柏密幽鳥哢尚想忠武公身任社稷重整整渭上營氣已無岐雍少須天意定破賊寧患衆興亡信有數星隕事可痛陵邊四五家茅竹居接棟手皺繇上箔（居民皆以造紬爲業）醅熟酒鳴甕雖嗟生理微亦足遣飢凍劉葛固雄傑閱世均一夢論高常近迂才大本難用九原不可作再拜臨風慟

遥夜

遥夜雨聲急愔愔窗戶幽開編堯舜在得句鬼神愁

大雪　梅

同俗愚儒罪容身壯士羞燈殘不成睡曉角動西樓

遠遊

遠遊行復歲華新嬾學劉郎問大鈞一點不蒙稽古力十分合作卧雲身苦寒與酒頻增價小雨爲梅先辟塵擬佩一壺江路去花邊醉墮白綸巾

大雪歌 累日作雪竟不成戲賦此篇

長安城中三日雪潼關道上行人絶黄河鐵牛僵不動承露金盤凍將折虬鬚豪客狐白裘夜來醉眠寶釵樓五更未醒已上馬衝雪却作南山遊千年老虎獵不得一箭横穿雪皆赤拏[illegible]死作雷吼震動山

林裂崖石曳歸擁路千人觀罷[illegible]腰作稅虎豪藝人間壯士有如此胡不來歸漢天子

簡譚德稱

幼輿骨相稱山巖自要閑遊不避讒錦里先生爲老伴玉霄散吏是頭銜探春苑路花簪帽看月江樓酒滿衫惟恨題詩無逸氣媿君陣馬與風帆

排悶

世事何知與願違十年高卧看羣飛獵圍花市無人問漁艇煙村有夢歸銀燭焰長搖酒浪寶刀佩穩壓戎衣君看白首寒牕客俠氣縱横亦未非

## 夜意三首

名姓人誰記形骸老漸侵酒慳停劇飲詩退負高吟
雨隔疎更斷雲藏古院深衰遲常兀兀惆悵少年心

### 其二

心清知睡少氣定覺神凝俱有一無媿何妨百不能
燈昏如隔霧硯冷欲生冰兀爾遺身世東窻待日升

### 其三

瘴地晨霜薄郊墟暮雨昏啼螿如有恨微火解相溫
末路眞無策孤忠敢自言輪囷肝膽在白首倚乾坤

### 玉局觀拜東坡先生[illegible]外畫像

東坡海外遺像

商周去不還盛哉漢唐宋蘇公天人謫墮爲世用
太平極嘉祐珠玉始包貢公車三千牘字字炭飛動
氣力倒犀象律呂諧鸞鳳天驥西極來矯矯不受韁
飛騰上臺閣廢放落雲夢至寶不侵蝕終亦老侍從
晩途遷海表萬里天宇空豈惟騎鯨魚遂欲跨螮蝀
心空物莫撓氣老筆愈縱粃糠郊祀歌遠友清廟頌
我生雖後公妙句得吟諷整衣拜遺像千古尊正統

心太平出黃庭經

心太平菴 余取黃庭語名所寓室
天下本無事庸人擾之耳胷中故湛然忽欲定誰使
本心儻不失外物眞一蟻困窮何足道持此端可死

牧敘州

空齋夜方中牕月淡如水忽有清磬鳴老夫從定起

訪客至西郊

摵摵敗葉飛黯黯寒雲低村墟與市里觸目一慘悽
今日病體輕駕言適城西丹柿滿野店青帘出江隄
獵騎載雉兔樵謳懸鶉雞居人各自得使我念故溪
故溪不敢說況復朝金閨傷哉翳雲翮歲晚猶牧羝
下愚不自還大惑終身迷君恩何由報力耕愧黔黎

得都下八月書報蒙　恩牧敘州

鳳城書到錦江邊故里歸期愈渺然掌上山川初入
夢壺中日月尚經年方輪落落[illegible]推轂倦馬駸駸怕

着鞭未佩魚符無吏責看花尽[illegible]拾遺顛成廣尚存明年冬

曉起二首

賣劒捐書絕世緣掩關高枕送流年又從道士學龜息誰管門生嘲腹便化蝶飛時嗟昨夢睡蛇去後喜安眠欠伸看起東牕日也似金鑾過八甎

其二

學道逍遙心太平幽牕鼻息撼牀聲柳花無蔕蠻氊煖龜甲有紋僧帳明候起見童陳盥櫛笑衰人客闖柴荆此生睡足無餘念安用元戎報五更

江樓吹笛飲酒大醉中作

全且之長吉

世言九州外復有大九州此言果不虛僅可容吾愁許愁亦當有許酒吾酒釀盡銀河流酌之萬斛玻瓈舟酣宴五城十二樓天為碧羅幕月作白玉鉤織女織慶雲裁成五色裘披裘對酒難為客長揖北辰相獻酬一飲五百年一醉三千秋却駕白鳳驂斑虬下與麻姑戲玄洲錦江吹笛餘一念冉過劔南應小留

晚登子城

江頭作雪雪未成北風吹雲如有營驅車出門何所詣一放吾目登高城城中繁雄十萬戶朱門甲第何崢嶸錦機玉工不知數深夜窮[illegible]聞吹笙國家自從

黎溪意

失河北煙塵瀆瀆暗兩京胡行如鬼南至海寸地尺天皆苦兵老吳將軍獨護蜀坐使井絡無攙搶名都壯邑數千里至今不聞戎馬聲安危自古有倚伏相持默默非敵情轅門灞上匆見戲犬羊豈憚諭齊盟

夙興出謁

嗜酒狂無敵居家嬾有餘苦寒愁手版美睡付肩輿覓句吟哦慣逢人省識疎亦知歸去好無地着蝸廬

十一月三日過升僊橋作三絕

旱過升僊不暇炊橋邊買麨療朝飢紛紛滿座誰能識大似新豐獨酌時

其二

熨手金鞭天馬駒冰河雪谷笑談無只言燕趙多奇士豈必書生盡腐儒

其三

橋邊沙水綠蒲老原上煙蕪黃犢閑老子真成興不淺憑鞍歸夢遶家山

遣興

蓬壺舊隱已微茫浪迹紅塵樂未央縱酒山南千日醉看花劍外十年狂新詩刻燭驚詞客駿馬追風戲鞠場要是世間男子事不須[illegible][illegible]競飛翔

草堂拜少陵遺像

清江抱孤村杜子昔所館虛堂塵不掃小徑門可款
公詩豈紙上遺句處處滿人皆欲拾取志大才苦短
試公容此時一飽得亦罕阨窮端有自豈獨坐房琯
至今壁間像宋緩意蕭散長安貌蟬多死去誰復算

青羊宮小飲贈道士

青羊道士竹爲家也種玄都觀裏花微雨晴時看鶴
舞小窗幽處聽蜂衙藥鑪宿火熒熒煖醉裏迎風獵
獵斜老我一官眞漫浪會來分子淡生涯

夜寒二絕句

清夜焚香讀楚詞寒侵貂褐歎吾衰輕冰滿硯風聲急忽記山陰夜雪時

其二

斗帳重茵香霧重膏粱那可共功名三更騎報河冰合鐵馬何人從我行

書懷

武擔山上望京都誰記黃公舊酒壚宿負本宜輸左校寬恩猶聽補東隅一官漫浪行將老萬卷縱橫只自愚甫里松陵在何許古人投劾爲蓴鱸

記夢二絶句

記夢

烏巾白紵憶當年抵死尋春不自憐憔悴劍南雙鬢攺夢中猶上暗門舩

其二

團臍霜蟹四腮鱸樽俎芳鮮十載無塞月征塵身萬里夢魂也復醉西湖

醉中出西門偶書

古寺閑房閉寂寥幾年躭酒負公朝青山是處可埋骨白髮向人羞折腰末路自悲終老蜀少年常願從征遼醉來挾箭西郊去極目寒蕪雉兎驕

訪客不遇

詠劍

風急斜吹帽泥深亂濺衣杜門常畏罵訪客却空歸
老馬舉蹄嬾枯槐無葉飛馳驅幾時了散髮憶苕溪

劍客行

世無知劍人太阿混凡鐵至寶棄泥沙光景終不滅
一朝斬長鯨海水赤三月隱見天地間變化豈易測
國家未滅胡臣子同此責浪迹潛山海歲晚得劍客
酒酣脫匕首白刃明霜雪夜半報讎歸斑斑腥帶血
細讎何足問大恥同憤切臣位雖卑賤臣身可屠裂
誓當函胡首再拜奏北闕逃去變姓名山中餐玉屑

故蜀別苑在成都西南十五六里梅至多

蜀苑梅龍

有兩大樹夭矯若龍相傳謂之梅龍予初至蜀嘗爲作詩自此歲常訪之今復賦一首丁酉十一月也

昔年曾賦西郊梅茫茫去日如飛埃即今衰病百事嬾陳迹未忘猶一來蜀王故苑犂已遍散落尚有千雪堆珠樓玉殿一夢破煙蕪牧笛遺民哀兩龍卧穩不飛去鱗甲脫落生莓苔精神最遇雪月見氣力苦戰冰霜開羈臣放士耿獨立淑姬靜女知誰媒摧傷雖多意愈厲直與天地爭春回蒼然老氣壓桃杏笑我白髮心尚孩微風故爲作嫵媚一片吹入黃金罍

出杜詩老妻畫
紙同調

閑意

柴門雖設不曾開為怕人行損綠苔妍日漸催春乍
動好風時捲市聲來學經妻問生疎字嘗酒兒斟瀲
灩杯安得小園寬半畝黃梅綠李一時栽

飲罷夜歸

老病畏多酌退閑愁夜行市燈殘欲盡樓月澹初生
露冷莎蛩咽天高塞鴈征歸來差自喜擁被聽蹕更

江亭冬望

霜落江清水見魚偶來徙倚草亭孤雪天黯澹常如
晚煙樹微茫江意欲無下澤乘[illegible]終碌碌上方請劍漫

[illegible]詩卷之[illegible] [illegible]

區區擬將蹟遠消豪氣尋罷泥徒尋獵徒

大風登城

風從北來不可當街中橫吹人馬僵西家女兒午未粧帳底爐紅毯下牀東家嗟客宴畫堂兩行玉指調絲簧錦繡四合如垣墻微風不動金猊香我獨登城望大荒勇欲為國平河湟才疎志大不自量西家東家笑我狂

書雨

仲冬候始寒雨夜天正黑雨來挾風助吼擊不遺力聲如拔高山勢若伐強國初聞憂老柏折遂恐石筍踣

乾坤本無心百神各效職蛟龍鬭歲暮豪橫理莫測
農功幸已成龍怒亦會息屋漏何足言袖手姑默默

一笑

半醉微吟不怕寒江邊一笑覺天寬莫愁艇子急衝
雨何遜梅花頻倚欄萬事任從皮外去百年聊作夢
中觀放翁縱老狂猶在倒盡金壺燭未殘

歲晚懷鏡湖舊隱慨然有作

公府還家鬢未秋鏡湖南畔決歸休讀書精舍豈輕
出采藥名山成遠遊白墮興來猶小醉青精材足更
何求俗間毀譽惟堪笑常隘許公答斗牛

冬至

### 華髮

華髮蕭蕭老蜀關倦飛可笑不知還人生只似駒過隙世事莫驚雷破山光景半銷樽酒裏英豪或隱博徒間車帷閑置真何樂書劍飄然未厭閑

### 歎息

國家圖籙合中興歎息吾寧粥飯僧賣劍買牛衰可笑壞裳爲袴老猶能曉過射圍雲藏壘夜讀兵書雨灑燈安得龍媒八千騎要令窮虜畏飛騰

### 冬至

歲月難禁節物催天涯回首意悲哀十年人向三巴

城南尋梅

老一夜陽從九地來上馬出門愁斂版還家留客強
傳杯探春漫道江梅早盤裏酥花也鬬開

城南尋梅得絶句四首

老子今年嬾賦詩風光料理鬢成絲青羊宮裏春來
早初見梅花第一枝

其二

黯淡江天雪欲飛竹籬數掩傍苔磯清愁滿眼無人
說折得梅花作伴歸

其三

青煙漠漠暗西村問訊梅花置一樽冷淡生涯元不

惡却嫌歌吹合江園成都故[illegible]合江園宫梅扁及五分即府尹領客來遊

其四

籬邊細路竹間庵一段風流擅劍南吾圖以香爲備事客來試向鼻端參

書歎

歷盡危途井與參鬢毛飽受雪霜侵平生不可俗子眼後世誰知吾輩心河洛方行胡正朔山林虛度醉光陰浩歌未闋先投枕衷病常憂感槩深

感興二首

少小遇喪亂妄意憂元元忍飢臥空山著書十萬言

賊亮負頑貸江北煙塵昏奏記本兵府大事得具詳
請治故臣罪深絕衰亂根言疏卒見棄袂有血淚痕
爾來十五年殘虜尚遊魂遺民淪左衽何由雪煩冤
我髮日益白病骸寧久存常恐先狗馬不見清中原

其二

高帝王蜀漢天下豈易圖幡然用其鋒項羽不支梧
嗟予昔從戎久戍南鄭墟登高望夕烽咫尺咸陽都
羣胡今無政剽奪常自如民窮訴蒼天日夜思來蘇
連年況苦旱關輔尤空虛安得節制師弓刀肅馳驅
父老上牛酒善意不可孤諸將能辦此機會無幸無

暮冬夜宴

宮機錦茵金屈卮鳳舞跕釵墮雙鬟重寶爐三尺香吐霧畫燭如椽風不動主人愛客情無已箏聲未斷歌聲起亦知百歲等朝露便恐一歡成覆水爐紅酒綠春為回坐上梅花連夜開堂前咫尺異氣候冰合平池霜壓階

枕上

枕上三更雨天涯萬里遊蟲聲憎好夢燈影伴孤愁報國計安出滅胡心未休明年起飛將更試北平秋

謁石犀廟

江上尋梅

閑過石犀祠登堂一歎歆江回陵谷變碑斷市朝非有王蜀時修廟碑銘荒圃連寒壠斜陽映夕霏興亡俱昨夢惆悵跨驢歸

江上散步尋梅偶得三絕句

小園風月不多寛一樹梅花開未殘剥啄敲門嫌特地緩拖藤杖隔籬看

其二

鍾殘小院欲消魂漠漠幽香伴月痕江上人家應勝此明朝覔出小南門萬里橋門一名小南門

其三

賞梅

又



小南門外野人家短短疏籬繚白沙紅稻不須鸚鵡啄清霜備放兩三花

漣漪亭賞梅

判爲梅花倒玉巵故山幽夢憶疏籬寫眞妙絶橫總影徹骨清寒蘸水枝苦節雪中逢漢使高標澤畔見湘纍詩成怯爲花拈出萬斛塵襟我自知

芳華樓賞梅

素娥竊藥不奔月化作江梅寄幽絶天工丹粉不敢施雪洗風吹見眞色出籬藏塢香細細臨水隔煙情脉脉一春花信二十四縱有此香無此格放翁年來

百事惰唯見梅花愁欲破金壺列置春滿屋寶髻斜簪光照坐百榼淋漓玉斝飛萬人辟易銀鞍過不惟豪橫壓清臞聊為詩人洗寒餓

浣花賞梅

老子人間自在身揷梅不惜損烏巾春回積雪增冰裏香動荒山野水濵帶月一枝低弄影背風千片遠隨人石家樓上貪吹笛肯放朝朝玉樹新

蜀苑賞梅

十里溫香撲馬來江頭還見去年梅喜開剩欲邀明月愁落先教掃綠苔跌宕放翁新醉墨淒涼蜀王舊

大醉梅下

歌臺盛衰自古無窮事莫向昆明歎劫灰

大醉梅花下走筆賦此

閉門坐歎息不飲輒千日忽然酒興生一醉須一石
擔頭花易老旗亭酒常窄出郊索一笑放浪謝形役
把酒梅花下不覺日既夕花香襲襟袂歌聲上空碧
我亦落烏巾倚樹吹玉笛人間奇事少頗謂三勍敵
酒闌江月上珠樹掛寒璧便疑從此僊朝市長掃迹
醉歸亂一水頓與異境隔終當騎梅龍海上看春色

梅龍蓋蜀苑中故物也

之廣都憩鐵像院

歲暮天苦寒風雨復乘之道邊得古寺欣然具晨炊
瘦樹立中庭斷蔓絡短籬小僧爲設爐童子燒槁枝
坐令手足柔髭間失冰澌敬禮龕中像盡讀廡下碑
少年志四方故里了不思晚知行路難更覺遊子悲
一官始巴僰剡曲歸何時買之勿復道爛醉忘天涯

廣都江上作

微波不摇江纖雲不行天我來倚杖立天水相澄鮮
平遠望不盡日落自生煙梅花耿獨立雪樹明前川
好風吹我衣春色已粲然東村聞酒美買醉上漁船

宿龍華山中寂然無一人方丈前梅花盛

月下觀梅

次梅花韻

開月下獨觀至中夜

梅花如高人枯槁道愈尊君看在空谷豈比倚市門

我來整冠佩潔齋三沐熏亦思醉其下褻嬻恐瀆君

敬抱綠綺琴玄酒挹古罇月明流水間一洗世濁昏

摹寫香與影許君已厭聞老我少傑思尚喜非陳言

次韻張季長正字梅花

倚橋臨水似儺詩戲伴鵝黃上柳絲萬里西湖鷺鷥斷

夢二年東閣憶幽期（游嘗官唐安）插瓶直欲連全樹簪帽

憑誰揀好枝一味淒涼君勿歎平生初不願春知

次韻季長見示

馬上看梅

倚遍南樓十二欄長歌相屬寓悲歡空懷鐵馬橫戈
意未試冰河墮指寒成敗極知無定勢是非元自要
徐觀中原阻絶王師老那敢山林一枕安

廣都道中呈季長

天上石渠郎能來伴楚狂風霜朝並轡燈火夜連牀
沔水不勝綠梅花無賴香劇談那得住出處要平章

看梅歸馬上戲作五絶句

平明南出笮橋門走馬歸來趂未昏漸老更知閑有
味一冬強半在梅村

其二

看梅

本爲梅花判平痛飲却嗅梅香消宿酲日欲落時始
上馬青羊宮前聞發更

其三

一點不雜桃李春一水隔斷車馬塵恨不來爲清夜
飲月中香露濕烏巾

其四

江路踈籬已過清月中霜冷若爲情不如折向金壺
貯畫燭銀燈看到明

其五

江郊車馬滿斜暉爭趁南城未閉扉要識梅花無盡

雅近劍外的
是亦好體
可人者自别

藏人入襟袖滯香歸

别後寄季長

俗子俗到骨一揖已溷人不知此曹面何處得許塵我非作崖塹汝自不可親道途逢使君令我生精神頓增江山麗更覺風月新對牀得晤語傾倒夜達晨亟起忘傅綺小醉或墮巾繚出錦城南問訊江梅春煎茶憩野店喚船截煙津凄涼吊廢苑蕭散誇閑身暮歸度略彴月出水鱗鱗思君去已遠此會何由頻

中夜對月小酌

今夕復何夕素月流清輝徘徊入我堂化作白玉墀

辛巳初月

栖鳥滿高樹空庭結煙霏可憐如許景早眠人不知我幸與周旋一醉那得辭整我接䍦巾斟我翡翠卮清愁不可耐三嗅梅花枝

客愁

騎馬出門無所詣端居正爾客愁侵蒼顔白髮入衰境黄卷青燈空苦心天下極知須雋傑書生何恨死山林消磨未盡胷中事梁甫時時尚一吟

詩酒

酒隱淩晨醉詩狂徹旦歌憫憐蝸左角嘲笑蟻南柯風月隨長笛江湖入短蓑平生會心處最向漆園多

道室

王氏莊尋梅

道室夜意

寒泉漱酒醒午夜誦仙經茶鼎聲號蚓香盤火度螢
齋心守玄牝閉目得黃寧寄語山中友因人送茯苓

道室晨起

紙帳晨光透山爐宿火燃雞鳴猶喔喔鴉起已翩翩
形槁寒巖木心凝古澗泉何須更臨鏡斷是一癯僊

城南王氏莊尋梅

涸池積槁葉茅屋圍疏籬可憐庭中梅開盡無人知
寂寞終自香孤貞見幽姿雪點滿綠苔零落尚爾奇
我來不須晴微雨正相宜臨風兩愁絕日暮倚[illegible]枝

龍祠

遊萬里橋南劉氏小園

佳園寂無人滿地梅花香閑來曳拄杖臘月日已長
朱橋架江面欄影搖波光奇哉小垂虹夢破鱸魚鄉
汀鷺一點白煙柳千絲黃便欲喚釣舟散髮歌滄浪
可憐隔岸人車馬日夜忙我歸門復掩寂歷掛斜陽

過笮橋道中龍祠小留

江邊龍廟何年作白浪花中揷朱閣朝暾漸上宿霧
收春氣已動晨霜薄我來倚欄一悵然蘆花滿空如
柳絮安得身爲雙白鷺飛上灘頭却飛去

道上見梅花

見梅

載酒房湖風日美探梅喜折一枝新今朝忽向街頭見萬蕚千蹊俗却春

倚樓

減盡朱顏白髮新高樓徙倚黙傷神未酬馬上功名願已是人間老大身太史周南方卧疾拾遺劍外又逢春一杯且爲江山醉百萬呼盧迹已陳

寄王季夷

平生吾子最知心巴隴飄零歲月侵萬里喜聞身尚健五更惟有夢相尋插花意氣狂如昨中酒情懷病至今共約暮年須强飯天台廬阜要登臨

除夕

成都公宴移忠

丁酉除夕

浮生過五十光景如飛鴻寒暑俛仰間四序忽已終
殊方感飄泊晚境嗟龍鍾桃符與爆竹嬾復隨兒童
不寐非守歲燕坐夜過中氣定神自凝海日何曈曨
豈惟三彭逃坐覺六入空徂年勿惆悵閱世方無窮

正月二日晨出大東門是日府公宴移忠院

成都春事早開歲已暄妍鸞尾傳杯後遨頭出郭前
爭門金騕褭滿野繡輜軿白髮花邊醉何妨似少年

小飲落梅下戲作送梅一首

憂梅

立春

零落梅花不自由斷腸容易付東流與人又作經年
别問月應知此夜愁已是狂風卷平野更禁橫笛起
危樓何時小雪山陰路處處尋香繫釣舟

立春

鬢毛蕭颯寸心灰坐怕新年節物催幸是身閑朝睡
美忽聞鼓吹打春回

初春出遊戲作

綠窗百舌弄音聲問我尋花意已便言落花衣無夢
去邯鄲觀古有詩傳金屋閣下閑歌唱石鏡坊之前戲
墜鞭酒隱人[illegible]君勿責定勝[illegible][illegible]作[illegible][illegible]

初春寓興三首始終志退休一而終之貫惓

許國之忠亦臣子大義也

爛熟思來悄熱官退爲志地喜輕安看書魚正可取熊掌食肉何須知馬肝放眼柳精初青動褪花梅子已黴酸典衣剩作江頭醉莫謂天涯苦鮮歡

其二

大隱悠悠未棄官俸錢雖薄却心安人方得意矜蝸角天豈使予爲鼠肝佳日劇棋忘寐恨短衣馳射壓儒酸小桃楊柳爭時節載酒江頭罄一歡

其三

白髮淒涼故史官十年身不到長安即今天末弔形影何日上前傾肺腑孤憤書成詞激烈五噫歌罷意辛酸此懷欲說無人共安得相携素所歡

予年十六始識葉晦叔於西湖上後二十七年晦叔之弟聲叔來爲臨邛守相遇於成都晦叔没久矣訪其遺文略無在者乃賦此詩

故人零落久山丘誰記京華第一流曹霸揮毫空萬馬庖丁投刃解千牛偶逢夢境何勞記追想清言未免愁雷電取將遺藁盡他年遺書茂陵求

探花

武侯書臺

初春探花有作

燈山昨夢歎怱怱便恐新春過最空十纔未搖宮柳綠一梢初放海棠紅金羈絡馬閑遊處彩筆題詩半醉中流落天涯何足道年年常策探花功

遊諸葛武侯書臺

沔陽道中草離離臥龍往矣空遺祠當時典午稱猾賊氣喪不敢當王師定軍山前寒食路至今人祠丞相墓松風想像梁甫吟尚憶幡然答三顧出師一表千載無遠比管樂蓋有餘世上俗儒寧辨此高臺當日讀何書

蜀城觀花

張園海棠

觀花

我遊西川醉千塲萬花成圍柳着行紅錦地衣舞霓裳翠裙繡袂天寳糚清歌一發無留觴嫋嫋餘聲縈杏梁黃金絡馬照路光自護幕羅觀海棠搜奇選勝日夜忙不惟燕宮碧雞坊暮歸奚奴負錦囊路人爭看放翁狂

張園觀海棠

朝陽照城樓春容極明媚走馬蜀錦園名花動人意嚴糚漢宮曉一笑初破睡定知夜宴歡酒入妖骨醉低鬟羞不語困眼嬌欲閉雖艷無俗姿太息真富貴

結束吾方歸此別知幾歲黃昏簾纖雨千點萬紅淚

月夕

醉從東郭歸散髮臨前楹呼僮淨掃地勿使黕月明庭空臥松影簷過送鐸聲鍾斷心境寂露下毛髮清出門碧霧合九陌無人行坐令錦官城化作白玉京

夜飲即事

天涯久客我何堪聊喜燈前得縱談磊落金盤薦糖蟹纖柔玉指破霜柑燭圍寶馬人將起花墜紗巾酒正酣更作茶甌清絕夢小窗橫幅畫江南

夜宴賞海棠醉書

海棠開後却
春寒乃
賞海棠非
社翁相石結形
看月的

便便癡腹本來寬不是天涯強作歡燕子歸來新社雨海棠開後却春寒醉誇落紙詩千首歌費纏頭錦百端深院不聞傳夜漏忽驚蠟燭淚已堆盤

二月十六日賞海棠

常年春半花事竟今年春半花始盛衰翁不減少年狂走馬直與飛蝶競姸華有露洗愈明纖弱無風搖不定莫放飄零作紅雨剩看倩笑臨粧鏡溪橅枯槁隨巖谷山杏輕浮眞妾媵欲誇絶豔不勝說纖穠香何足病華燈銀燭搖花光翠杓金船豪酒興夜闌感事獨淒然繁枝空折誰堪贈

海棠紅杏欲無色
蛺蝶黄鸝俱有情

即席

解鞅名園眼倍明慇懃翠袖勸飛觥海棠紅杏欲無色蛺蝶黄鸝俱有情去日不留春漸老歸舟已具客將行倦遊短鬢無多緑生怕樽前唱渭城

東歸有日書懷

萬里橋邊白版扉三年高卧謝塵鞿半牕竹影樽僧去滿棹蘋風釣伴歸看鏡已添新雪鬢聽雞重拂舊朝衣故人零落今無幾華表空悲老令威

眉州披風榭拜東坡先生遺像

蜿蜒回顧山有情平鋪十里江無聲孕奇蓄秀當此

眉州拜東
坡遺像

地鬱然千載詩書城高臺老仙誰所寫仰視眉宇寒
崢嶸百年醉魂吹不醒飄飄風袖筇枝橫爾來逢迎
厭俗子龍章鳳姿我眼明北扉南海均夢耳謫墮本
自白玉京惜哉畫史未造極不作散髮騎長鯨故鄉
歸來要有日安得春江變酒從公傾

新刊劍南詩稿卷第九

[illegible]曰借人典籍[illegible]須愛[illegible]

[illegible]治此亦士大夫百行之[illegible]

[illegible]未竟雖有急速必待卷束[illegible]

[illegible]無損敗人不厭其求假焉或有[illegible]

[illegible]分散部秩多為童幼婢妾之所點污風雨

犬鼠之所毀傷實為累德吾每讀聖人之書

未嘗不肅敬對之其故紙有五經詞義及賢

[illegible]月也　[illegible]瞻由[illegible]

青城〻神尉廨
借景亭乃山
谷舊游
人生能自足一尉
可終身

# 新刊劍南詩稾卷第十

山陰陸　游　務觀

訪青神尉廨借景亭蓋山谷先生舊遊也

造朝下白帝弔古遊青神城頭三間屋聊得岸我巾
元祐太史公世寧有斯人瘴煙侵玉骨老作宜州民
至今杖屨地來者猶酸辛窗竹翦已空喬木亦半薪
陂池獨渺然中有鷗鷺馴人生能自足一尉可終身
三數下城去挨拖春江津

舟過玉津

玻瓈江上送殘春疊鼓催帆過玉津蜀苑鶯乞切皮

叙州

無等院乃岩

故居

鎖江亭

夢巴山風月又關身幅巾久已忘朝幘短劍猶思隱
市塵莫倚諸公容此老西曹那許吐車茵

叙州三絶句

畫船衝雨入戎州縹渺山橫杜若洲須信時平邊候
靜傳烽夜夜到西樓州治西樓

其二

文章何罪觸雷霆風雨南谿自醉醒八十年間遺老
盡壞堂無壁草青青無等院山谷故居

其三

楚柂吳檣又遠遊浣花行樂夢西州千尋鐵鎖還堪

瀘州使君岩

恨空鏁長江不鏁愁亭鏁江

瀘州使君巖在城南一里深三丈有泉出其左音中律呂木龍巖相距亦里許黃太史所甞遊憩也

雲間刁斗過邊州沙際亭亭艤客舟漲水方憂三峽嶮短笻猶作兩巖遊蛟龍蟜蟜拏雲起琴筑泠泠繞榻流未死人生誰料得會來攜客試茶甌

南定樓遇急雨

行遍梁州到益州今年又作度瀘遊江山重複爭供眼風雨縱橫亂入樓人語朱離逢峒獠棹歌欸乃下

舟泊合江縣謁西涼王祠



吴舟天涯住穩歸心懶登覽茫然却欲愁

夜泊合江縣月中小舟謁西涼王祠

懸瀑雪飛舞奇峯玉嶙峋搖碎一江月來謁西涼神我雖不識神知是山水人不敢持芴來短褐整幅巾出我囊中香羞我南谿蘋杯湛玻瓈春盤橫水精鱗出門意慌惚煙波浩無津安得結茅地與神永爲隣

風順舟行甚疾戲書

昔者遠戍南山邊軍中無事酒如川呼盧喝雉連暮夜擊兎伐狐窮歲年壯士春蕪卧白骨老夫晨鏡悲華顛可憐使氣尚未減打鼓順流千斛船

舟中對月

此詩有深意

舟中對月

百壺載酒遊凌雲醉中揮袖別故人依依向我不忍別誰似峨眉半輪月月窺船牕掛凄冷欲到渝州酒初醒江空裊裊釣絲風人靜翩翩葛巾影哦詩不睡月滿船清寒入骨我欲僊人間更漏不到處時有沙禽背船去

漁翁

江頭漁家結茅廬青山當門畫不如江煙淡淡雨疏踈老翁破浪行捕魚恨渠生來不讀書江山如此一句無我亦衰遲慚筆力共對江山三太息

洛叟謂伊川先生

涪州 於産丹砂

涪州道中

遠客喜歸路清遊逾昔聞雨添山氣重風壓浪花分洛叟經名世張侯勇冠軍（郡境有伊川先生故居及張益德祠）懷人不可覯袖手對爐熏

涪州

古邑西偏曉繫舟倚欄搔首思悠悠欲登丹穴竟無地（地産丹砂）不見荔支空遠遊官道近江多亂石人家避水半危樓使君不用勤留客（太守招飲）瘴雨蠻雲我欲愁

詞不

北巖（有程正叔先生祠堂）

北巖有程正叔先生祠

忠州豐都

艤船涪州岸携兒見北巖遊搖檝横大江褰裳躡高樓雨昏山半失江漲地欲浮老矣寧再來爲作竟日留烏帽程丈人閉户本好脩駭機一朝發議罪至竄投黨禁久不解胡塵暗神州修怨以稔禍哀哉誰始謀小人無遠略所懷在私讎後來其鑑兹賦詩識巖幽

平都山 忠州豐都縣

名山近江步蠟屐得閑行犇鹿衝人過藏丹徹夜明唐碑多斷蝕梁殿半攲傾洞口雲常湧簷牙栢再榮行逢負籠客卧聽送船聲乞我誅茅地靈苗得共烹

忠州禹廟

忠州禹廟

東坡

古郡巴蠻國空山夏禹祠鵠歸留庭柏巫拜肅江蘺
草蔓青緣壁苔痕紫滿碑欲歸頻悵望回棹夕陽時

忠州醉歸舟中作

耿耿船窻燈火明東樓飲罷恰三更不堪酒渴兼消
渴起聽江聲雜雨聲垂首道塗悲驥老滿懷風露覺
蟬清蘭亭禹廟山如畫安得飄然送此生

雨中遊東坡

木蓮花下竹枝歌歡意無多感慨多更恐他年有遺
恨曉來衝雨上東坡

龍興寺弔少陵先生寓居

予杜陵先生寓居萬州岑公洞岑隋人仙去

中原草草失承平戍火胡塵到兩京扈蹕老臣身萬里天寒來此聽江聲（以少陵詩考之蓋以秋冬間寓此州也寺門聞江聲甚壯）

遊萬州岑公洞（岑公隋時人居此二十年得道仙去）

大業征遼發閭左軍興書檄煎膏火此時也復有閑人自引巖泉拾山果後六百歲吾來遊洞中正夏凄如秋乳石牀平可坐卧水作珠簾月作鉤千年神遊八極表浮名坐覺秋豪小試問岑公迎我不鶴飛忽下青松杪

萬州放船過下巖小留

畫船四月滿旗風飲散忽忽鷁首東醉裏偏 崇寺 工卜

白帝泊舟

下瞿塘峽

緑意中已想荔支紅斷碑零落無苔遍幽澗潺[illegible]浮[illegible]
彴遍一疋寧無好東絹憑誰畫此碧玲瓏

白帝泊舟

客路閑無事津亭爽有餘峽江春漲減瀼岸夜燈疎
老矣孤舟裏依然十載初倦遊思税駕更覺愛吾盧

醉中下瞿唐峽中流觀石壁飛泉

吾舟十丈如青蛟乘風翔舞從天下江流觸地白鹽
動灩澦浮波眞一馬主人滿酌白玉杯旗下畫鼓如
春雷回頭已失瀼西市奇哉一削千仞之蒼崖蒼崖
中裂銀河飛空吾褱萬斛傾珠璣醉面正須迎亂點京

歸州　歸鄉沱
蓋屈平故居也

塵未許化征衣

暮次秭歸

朝披南陵雲夕揖建平樹啼鴂隨客檣落日滿孤戍惡灘不可說石芒森如鋸浪花一丈白吹沫入窻户是身初非我底處着憂怖酒酣一枕睡過盡鮫鱷怒欣然推枕起曳杖散予步慇懃沙際柳記我維舟處

歸州重五

鬬舸紅旗滿急湍船窻睡起亦閑看屈平鄉國逢重五不比常年角黍盤屈平祠在州東南五里歸鄉沱蓋平故居也

屈平廟

三峡新灘

楚城

委命仇讎事可知章華荆棘國人悲畏公無言女亡
石不見秦嬰係頸時

楚城

江上荒城猿鳥悲隔江便是屈原祠一千五百年間
事只有灘聲似舊時

新灘舟中作 三峽新灘尤險今已平矣

江路桃花浪已生新灘穩過失崢嶸九年行半九州
地三峽歸無三日程繫纜便增節杖興倚牕時聽棹
歌聲衰遲未覺詩情減又檗吳牋賦楚城

舟出下牢關

下牢關

峽口

峡州甘露

大舸凌驚濤飛度青玉峽虛壁雲濛濛陰洞風颯颯
拂天松蓋偃入水山脚揷炎曦忽摧破亭午手忘箑
懸知今夜喜月白宿沙夾曠哉七澤遊盟鷗不須歃

峽口夜坐

三峽至此窮兩壁猶峭立估船無時行婦盎有夜汲
風生樹影動月碎水流急草根綴微露螢火飛熠熠
吾行已四旬纔抵楚西邑浩歌散鬱陶還舟覺衣濕

峽州甘泉寺

江上甘泉寺登臨擅一州山亭喜無恙老子得重遊
灘急常疑雨林深欲借秋歸途更清絶倚杖送魚舟

東山

發夷陵



峽州東山

十年不踏東山路今日重爲放浪行老矣判無鸞鶴舉歸哉惟有白鷗盟新秧刺水農家樂脩竹環溪客眼明已駕巾車仍小駐綠蘿亭下聽鶯聲

江上觀月

暗浪衝舟鞺鞳聲夷陵城下正三更十分傾酒禁風力一點無雲祟月明久坐不知衣露濕浩歌時有水禽驚詩成莫駕長鯨去自是虛皇白玉京

初發夷陵

雷動江邊鼓吹雄百灘過盡失途窮山平水遠蒼茫

到荊州

外地闢天開指顧中俊鶻橫飛遥掠岸大魚騰出欲凌空今朝喜處君知否三丈黄旗舞便風

舟中夜坐

風露浩無際星河澹欲傾遥知並船客聞我詠詩聲水鳥橫江去漁舟背月行神清不成寐隱几待窻明

初到荊州

萬里泛仙槎歸來鬢未華蕭蕭沙市雨淡淡渚宫花斷岸添新漲高城咽晚笳船窻一樽酒半醉落烏紗

醉歸

持酒江頭到夕霏愁城頓覺解重圍澄波宜月多合

看醉面便風走馬歸來路已驚添白髮故人半事上黃扉強隨官簿具成嬾乞我吳松舊釣磯

### 出遊

萬里崎嶇蜀道歸荊州非復壯遊時行吟自怪詩情減坐睡人驚酒量衰卷地風號雲夢澤黏天草映伏波祠一枝藤杖平生事擊鼓開帆未恨遲

### 大堤

日晚大堤行莽然千里平天低垂曠野風壯撼高城列肆居茶估連營宿戍兵纍纍北門堠淚盡望神京荊州距東都纔十七八程

荊州距東都纔十七八程

發荊州

公安

阻風

沙市三日風萬鼓鳴舡頭欲去不得發卧對青燈幽
聽兒誦離騷可以散我愁微言入孤夢怳與屈宋遊
睡起銅瓶響欣然喚茶甌吾道無淹速風伯非所尤

初發荊州

淋漓牛酒起檣干健艣飛如插羽翰破浪乘風千里
快開頭擊鼓萬人看鵲聲不斷朝陽出旗脚微舒宿
雨乾堪笑塵埃洛陽客素衣如墨據征鞍

泊公安縣

秦關蜀道何遼哉公安渡頭今泝回無窮江色與之

劉郎浦

接不斷海風吹月來船窻簾捲螢火鬧波渚暑下黃花開少年許國忽衰老心折桅樓長笛哀

## 劉郎浦夜賦

平生遠遊心睥睨萬里窄今年下三巴放浪浮七澤菰蒲無遠近但覺風索索浪高星辰濕天碧河漢白十年散醉髮未易着朝幘守符儻可乞來作瀟湘客

## 小雨極涼舟中熟睡至夕

舟中一雨掃飛蠅半脫綸巾卧翠藤清夢初回窻日晚數聲柔艣下巴陵

## 岳陽樓

# 岳陽樓

身如病鶴短翅翎雨雪飄洒蹏沙汀天風忽吹不得住東下巴峽泛洞庭軒皇張樂雖已矣此地至今朝百靈雄樓岌嶪鎮吴楚我來舉手捫天星帆檣繞放巳隱隱雲氣亂入何冥冥黿鼉出沒蛟鰐横浪花遮盡君山青黄衫僊翁喜無恙袖劍近到城南亭眼前俗子敗人意安得與翁同醉醒

再賦一絶

江風吹雨灑征塵百尺闌干爽氣新不向岳陽樓上醉定知未可作詩人

乘大風發巴陵

登巴陵

通濟口

雪濺浪方作翠颭山欲浮奇哉萬頃湖着我一丈舟
三老請避風此去非汝憂神物識忠信壯士憎滯留
擊鼓催掛帆揮手別岳州仰視群鵠翔下闖百怪囚
衡湘清絶地恨不從此遊聊須百斛酒往醉庾公樓

通濟口

朝發嘉魚縣晚泊通濟口睡起喜微凉船牕一盃酒
長魚吹浪聲恐人巨黿露背浮大淵淪今夕風生月復
暗寄語舟人更添纜

醉書

青草渡頭波接天山翁吟嘯自悠然朝餐偶過賣魚

武昌南樓

黄鶴樓

市晚泊時逢迎荻船投老未除遊俠氣平生不作俗
人緣一樽酌罷玻璃酒高枕𤄃邊聽雨眠偶餘眉州酒一樽獨
酌遂醉

南樓

十年不把武昌酒此日闌邊感槩深舟楫紛紛南復
北山川莽莽古猶今登臨壯士興懷地忠義孤臣許
國心倚杖黯然斜照晚秦吳萬里入長吟

黄鶴樓

手把仙人綠玉枝吾行忽及早秋期蒼龍闕角歸何
晚黄鶴樓中醉不知江漢交流波渺渺晉唐遺迹亡

觀王簡栖碑有感

泊鄂州



蘺離平生最喜聽長笛裂石穿雲何處吹

頭陀寺觀王簡棲碑有感

舟車如織喜身閑獨訪遺碑草棘間世遠空驚閱陵谷文浮未可敵江山老僧西逝新成塔舊守東歸正掩關笑我驅馳竟安往夕陽飛鳥亦知還庚寅過武昌與太守張之彥遊累日時頭陁有老僧持律精苦

夜熱

觸熱行萬里煩促詎可論泊船鄂州步終日如炮燔搖扇腕欲脫揮汗白雨灑推枕再三起散髮臨前軒秋近更漏長天旱星宿繁甘澍何時來太息憂元元

鄂州頭
閱雨

## 舟中偶書

老子西遊萬里回江行長夏亦佳哉晝眠初起報茶熟宿酒半醒聞雨來漢口船開催疊鼓淮南帆落亞高桅四方本是丈夫事白首自憐心未灰

## 燈下讀書

少年喜書策白首意未足幽窗燈一點樂處超五欲而況黃州路小雨漁村宿蕭蕭蒹葭聲為我洗暑毒琅然誦經史少倦覺為續何必效萊公長夜醉畫燭

## 泊三江口

三江口

自雪堂登四望亭訪蘇公遺迹至安國

遲明離武昌薄暮至黃岡匆言觸熱行一晝三日涸

北牕荻蕭蕭兩颸江落浩浩玄雲一池墨碧綫古篆眷

尚無車馬塵况復爭奪場徐行匆掛帆此樂殊未央

自雪堂登四望亭因歷訪蘇公遺迹至安

國院

我醉飛屐登層巔拄杖出没風煙間三山葱矓鮫鰐

靜九關肅穆虎豹閑幾年金骨爍綠髓此日始得窮

躋攀老僊歸侍紫皇案空有野水流淙潺蜿蜒翠阜

圍綠野似嶺非嶺山非山向來龍蛇滿雪壁雷電下

取何時還名花亦已天上去居人指似題詩處九十

發黄州泊巴河

一翁不識公我抱此恨知無窮定惠院已發海棠亦不復在安國老僧景滋年九十一自言東坡去黃後四年方生

月下步至臨皋亭

芒鞵踏松陰追此船未發清遊豈無伴三友風露月
山川鬱盤紆鷗鷺浩滅沒當年老先生想像散醉髮
浮生等昨夢久已埋玉骨吾儕幸強健何事拘簪笏

發黃州泊巴河遊馬祈寺

南望武昌山北望齊安城楚江萬頃綠著我畫舫橫
雲帆不須掛鼉鼓不須鳴翛然隱曲凡山水相逢迎
踈雨漏薄日非陰亦非晴晚泊巳河市小語問長賢

憶南烹

紫髯刑馬地一怒江漢清中原今何處感我白髮生

舟行蘄黃間雨霽得便風有感

天青雲白十分晴帆飽舟輕盡日行江底魚龍貪晝睡淮南草木借秋聲好山縹渺何由住華髮蕭蕭只自驚莫怪時人笑蹤蹟嬾官情元不似詩情

南烹

十年流落憶南烹初見鱸魚眼自明堪笑吾宗輕許可坐令羊酪僭蓴羹

泊蘄口泛月湖中

炎天倦長路月夕泛平湖晃漾披銀闕清寒住玉壺

初見廬山

釣絲縈藻荇蓬艇入菰蒲一別蜻蜓浦斯遊十載無

予故廬在蜻蜓港東南暑月常與客泛舟至中夜

## 初見廬山

從軍憶在梁州日心擬西征草捷書鐵馬但思經太華布帆何意拂匡廬計謀落落知誰許功業悠悠定已踈尚喜東林尋舊社月明淸露濕芙蕖

## 六月十四日宿東林寺

看盡江湖千萬峯不嫌雲夢芥吾胷戲招西塞山前月來聽東林寺裏鐘遠客豈知今再到老僧能記昔相逢虛牕熟睡誰驚覺野碓無人夜自舂

過小孤

舟過小孤山有感

小孤山畔峭帆風又見煙鬟縹渺中萬里客經三峽路千篇詩費十年功未嘗滿箸瀟芽白先看堆盤鱠縷紅商略人生爲何事一葉從此入空濛

鴈翅夾口小酌

墟煙淡將散江雨細欲無回風吹衣襟晴光滿菰蒲隱几樂此時清和如夏初犬吠船丁歸小市得美蔬歡言酌清醥侑以案上書雖云泊江渚何異歸林廬

長風沙

江水六月無津涯驚濤駭浪高吹花艣聲已出鴈翅

蒲荻夾喜入長風沙長風自古三巴路檣竿參差雜煙樹南船北船各萬里淒涼小市相依住歌呼雜沓燈火明黃昏風死浪亦平勞苦舟師剩沽酒妥穩明朝到池口

泛小舟姑熟溪口

姑溪綠可染小艇追晚凉棹進破樹影波動搖星芒荻深漁火明風遠木草香尚想錦袍公醉眼隘八荒坡陁青山冢斷碣臥道旁悵望不可逢乘雲遊帝鄉溪東南即青山太白墓

過采石

將至金陵

舟中如甑炊蒸坐長喝一奉飯罌增米且復買魚子
纖纖新月低上鈎空野水饒風生蘋末塵抱眞一洗
可憐黃山塔突兀暮暮烟塵裏依然十年前看我行萬里
兩槳且勿搖橫舟小灘尾得詩偶長吟宿路鷺驚起

過采石有感

短衣射虎早霜天歎息南山又七年埀手無思雙羽箭快心初見萬樓船平波漫漫看浮馬萬柳陰陰聽亂蟬明日重尋石頭路醉鞍誰與共聯翩

將至金陵先寄獻劉留守

梁益羈遊道阻長見公僅覺意差強別都王氣半空

登賞心

回望建康

紫大將牙旗三丈黃江[illegible]面水軍飛海鶻恨前羽箭射天狼歸來要了語溪浯莫笑狂生老更狂

登賞心亭

蜀棧秦關歲月遒今年乘興却東遊全家穩下黃牛峽半醉來尋白鷺洲黯黯江雲瓜步雨蕭蕭木葉石城秋孤臣老抱憂時意欲請遷都涕已流

夜泊龍廟回望建康有感

我醉行水上身輕如飛煙魚龍亦悲嘯伴我夜不眠羽扇揮浮雲月掛斗間河漢橫復斜風露方浩然坡陁石頭城寂寞七百年[illegible]子懷諫[illegible]

將至京口

荆溪館夜坐

將至京口

臥聽金山古寺鐘三巴昨夢已成空船頭坎坎回帆鼓旗尾舒舒下水風城月危樓晴靄碧林間雙塔夕陽紅銅鉦愁殺甲兵水不見茶山九十翁頃在京口嘗夢中謁水寄曾文清公

荆谿館夜坐

河漢無聲天正青三三五五滿天星草根冷露黏黏濕螢幽人岸巾坐津亭憶下瞿唐浮洞庭陽臺繫船夢娉婷朱門重重夜不扃　山猿鳥啼青冥人生無帶風中萍幸我夢斷狂已　繡韉金絡帶萬釘何如文

因越

雲門

山鋤茯苓

沂谿

射的峯前禹廟東短蓬三扇卧衰翁閑携清聖濁賢酒重試朝南暮北風水落痕留紅蓼節雨來聲滿緑蒲叢衝煙莫作怱怱去擬看溪丁下釣筒

歸雲門

萬里歸來值歲豐解[illegible][illegible][illegible][illegible]無窮甑炊飽雨湖菱紫[illegible]茂絡迎霜野柿[illegible][illegible][illegible][illegible][illegible][illegible]野墨孤燈餅餌對隣翁微官行矣[illegible]山去又寄[illegible]千巖萬[illegible]中

月下自三橋泛湖入二山

思成都



素壁初升禹廟東三風爲我[illegible]逢山横玉海蒼茫
外人在冰壺縹緲中[illegible][illegible][illegible][illegible]閒吹大蘋汀煙淡見
鷺鴻白頭尚耐清[illegible][illegible][illegible][illegible]終年伴釣翁

懷成都十韻

放翁五十猶豪縱錦城一覺繁華夢竹葉春醪碧玉
壺桃花駿馬青絲鞚鬭雞南市各分朋射雉西郊常
命中壯士臂立緑絛鷹佳人袍畫金泥鳳椽燭那知
夜漏殘銀貂不管晨霜重一梢紅破海棠回數蘂香
新早梅動酒徒詩社朝暮忙日月匆匆迭賓送浮世
堪驚老已成虛名自笑今何用歸來山舍萬事空卧

聽糟牀酒鳴兊北牕同[illegible]聒青燈舊遊欲說無人共

湖村秋曉

劒閣秦山不計年却尋剡曲故依然盡收事業漁舟裏全付光陰酒榼邊平野曉聞孤唳鶴澄湖秋浸四垂天九關虎豹君休問已向人間得地仙

夜夢與宇文子友譚德稱會山寺若餞子行者明日犂明得子友書感歎久之乃作此詩

夜夢集山寺二三佳友坐相顧皆不樂若有千里行在門僕整鴛鴦臨遊贈[illegible]爲我[illegible]謂我天[illegible]

遲速要當到餘暉勿貪其[illegible]丁[illegible]柰餔依依有餘情
隣鐘忽驚覺飛[illegible][illegible][illegible][illegible]詩謝我友有使頻寄聲

寒夜

小隱謝城市新寒尋褐袍秋燈依壁暗夜雨挾風豪
俗自隨時異身寧與世塵殘年更何事持盤酌松醪

偷閑

老向人間未拂衣偷閑聊喜息塵機丹楓斷岸秋來
早淡日孤村客到稀偶憶雲溪携鶴去却從雲肆買
蓑歸酒徒莫笑生涯別[illegible]矣淵明悟昨非

冬夜聞鴈有感

此與松風詩同
格李賀只在後
拜句至是力量

從軍昔戍南山邉廬侍峰且照東駱谷軍中罷戰壯士
閑細草平郊恣馳逐洮八駿馬金絡頭梁州毬場日
打毬玉杯傳酒和鹿血女真降虜彈箜篌大呼拔幟
思野戰殺氣當年赤浮回南遊蜀道巳低摧猶據胡
牀飛百箭豈知蹭蹬還逐江邊病臂不復能開弦夜聞
鷹聲起太息來聽鷹過桑乾磧

書懷

愁向東華蹋軟紅曾歸香隱樂無窮石池浣藥消消
水漁艇投竿[illegible]綠風書[illegible]醉醒菱唱裏隣家來往竹
陰中何須列戟長安[illegible][illegible]面[illegible][illegible]擁此翁

地偏雞犬亦翛然

弄檝漁舟水[illegible]傍柳邊歸風平別浦沈新月日落前村鐘[illegible]戶起[illegible]鳥行[illegible]野去欲栖羈禪暗天飛詩情自合江湖[illegible]敢恨功名與願違

題齋壁

葺得湖邊屋數椽才齋低小竹牕妍爐煙寂歷歸村路山色蒼寒釀雪天性懶杯盤常偶爾地偏雞犬亦翛然早知栗里多幽事虛走人間四十年

新葺門屋

杯棲四壁空百事從簡　勿鈌籬寒未補幽戶夜不[illegible]

天偏欲廣屋厚費敢輕哦設關力可具稚子詳

呀然兩竹扉寧復志容　西山正當前浩蕩納空翠

下臨漁樵路横鑠風月地惟愁俗客來剥啄驚午睡

吾廬

吾廬雖小亦佳哉新作柴門斸緑苔拄杖每闌歸鶴入釣船時帶夕陽来[illegible]煙隔水霏霏合籬菊凌霜續

續開千里安期那可得呼鄰父共傳杯

冬夜之曲[illegible]看[illegible]山南戎幕

釣船東去[illegible]碧[illegible]翡翠[illegible]十里澄波明白石五更殘月[illegible]時下[illegible]夜盡

夢至成都

意長誰信[illegible]州[illegible]口事[illegible][illegible][illegible]綠沈槍

夢至成都悵然有作二首

春風小陌錦城西[illegible][illegible][illegible]康容意迷下盡平常閑縱博刻殘畫燭戲分[illegible][illegible][illegible]鬟帳中醉紅吐撥驕花外斷孤夢淒涼身萬里今人憎殺五更雞

其二

宦途元不羨飛騰錦里豪華壓五陵紅袖引行遊玉局華燈圍坐醉金繩背前汗血洮河馬架上霜毛海國鷹世事轉頭誰料得一官南去冷如冰

月夕

開户滿庭雪徐看知 明微風入叢竹復作雪來聲
俗塵不待掃凜然肝 清村深無漏鼓鶴唳報三更

將入閩夜行之雲門

東鶩並偏門籃輿兀 昏紡燈穿壁鎛吠犬闖籬根
久客悲行役清愁悵夢魂餘生猶幾出回首付乾坤

山中觀殘菊追懷眉山師伯渾

空山菊花瘦如棘傾倒滿地枝三尺陰風冷雨不相
貸爛草蒼苔共狼藉人雖委棄渠自香詎必泛酒登
華堂君不見仁人志士窮死眉山陽空使後世傳文
章

自雲門之陶山名[illegible]失道行蜀山中有茅舍小塘極幽邃求見主人不可意其隱者也

陂池幽處有茅堂井臼蕭條草樹荒小鴨怯波時聚散病蔬傷蠧半青黃童見衝雨收魚網婢子聞鐘上佛香我亦暮年思屏迹數椽何計得連墻

冬夜聽雨[illegible]作絕句二首

少年交友盡豪英妙理時時得細評老去同參惟夜雨焚香臥聽畫簷聲

其二

適閩

遶簷點滴如琴筑支枕幽齋聽始奇憶在錦城歌吹海七年夜雨不曾知

適閩

春殘猶看少城花雪[illegible]來嘗北苑茶未恨光陰疾駒隙但驚世界等河沙功名塞外心空壯詩酒罇前髮已華官柳弄黃梅放白不堪倦馬又天涯

欲行雨未止

幽幔依燈影空階送雨聲暫是歸仍客路投老倍鄉情眼澁書難讀心搖夢易驚病多常怕醉酒盡却思傾

比作陳下瓜麴[illegible]　絕屬病[illegible]不敢飲

干溪千吉故居

醉小盞而已

翠蔓扶疏采擷忙麴生系出古淮陽蹋成明月團團白釀作新鵝淡淡黃醅甕秋凄驚凛洌糟牀夜注愛淋浪西齋幽事新成譜首爲高人著此方酒方昔得之胡基仲

大雨中離三山宿天章寺

苦雨催寒不肯晴晚來餘勢更縱橫雲如山壞長空黑風似潮回萬木偪[illegible][illegible]河供遠眼不辭泥潦困初程解衣一笑僧䆫下幾兩青鞵了此生

早飯干溪千吉故居也

劍外歸來席未溫南[illegible]浩蕩信乾坤峯同句史曾[illegible]

地竹暗仙人舊隱村　坡孤翁鉏麥壠西　小婦尸
籬門行行莫動鄉關　身似流槎豈有

贈楓橋化城院老僧

老宿禪房裏深居　盌紅豆萁火糁白芋魁羹
毛毵衲年年補紗燈夜夜明門前霜半寸笑我事晨征

雙橋道中寒甚

裂面霜風快似鐮重重裘袴晚仍添梅當官道肴撩
客山逼籃輿犖入簾男子尘爲衣食役年光常向道
途淹古來共說還家樂豈獨全軀畏楚鉗

行牌頭奴寨　炎末避戍所至

怦頭奴集

今朝霜薄風氣和霽々 多沙平了淺水寺
下搖櫓渡口生微波建炎避兵奔竄地誰料白首重
經過四十餘年萬事改惟有青嶂高嵯峨安得西國
蒲萄酒滿酌南海鸚鵡螺侑以吳松長絲之玉鱠送
以邯鄲皓齒之清歌向來喪亂汝所記大地凜凜憂
干戈偶然不死到老大爲々苦惜朱顔酡

早發奴寨

暖徹衣篝蠟炬明 喔喔足殘更ㄴ 有四方
志客子終悲千ㅣ里行口 洛龍蛇蟠木影 空風雨起
灘聲上車莫恨晨霜 又得脩途一日晴

(宋)陸游 撰

# 宋本新刊劍南詩稿

第三册

國家圖書館出版社

# 第三册目録

# 新刊劒南詩稿卷第十四

山陰陸　游　務觀

十月二十六日夜夢行南鄭道中既覺恍然攬筆作此詩時且五鼓矣

孤雲兩角不可行望雲九井不可渡嶓冢之山高插天漢水滔滔日東去高皇試劍石為分草沒苔封猶故處將壇坡陀過千載中野疑有神物護我時在幕府來往無晨暮夜宿沔陽驛朝飯長木鋪雪中痛飲百榼空蹴踏山林伐狐兔[illegible]食人不知數孤兒寡婦讎不報日[illegible]我聞投袂起大

嗟聞百步奮戈直前虜崖血如注從騎
三十皆秦人面青氣奪亡未發渡遼師
落魄人間傍行路對花把酒辱諸公誦詩
句即令衰病卧在牀振臂猶思戍南人孰謂不
知兵昔者亡秦楚三户

雨晴步至山亭欲至村不果

村陋垣屋頹歲晚風雨横泥塗絶還往飱粥養衰病
藥囊雜書卷白髮滿清鏡一榻卧兼旬不踐墻下逕
烏鵲忽星節候正嚴供凍硯愁頗動蠟
山楹快愜幽聽地瘦欒萏稀葉枝勁

對食

東村未遇澂　子不濟勝三歎入荆扉跏趺

衡門病卧動經旬歲晚況堪風雨頻晴日一聰殊慰

眼清霜萬瓦更宜人開青頓失昏花墜試茗初看白

乳新南埭東陂從此好剩將絲　赤女朱烏市

對食

人苦不知足貪欲浩無窮豹胎　上餘莽蕭卻時供

飲豚以人乳萬乘亦改容方　午鵝含動英雄

哀哉王相國計隨[illegible]　士一視韵與豐

我亦蹭蹬者覊遊半生　下莧美與八玉食同

作回推枕覓殘書

口腹嗟幾何曾是役我　琴賦詩曉畏公

不睡

城遠不聞鍾鼓傳孤村風雨　悲緑酒甚多

病敢恨青燈笑不眠水冷硯蟾　凍火殘香鴨尚

微煙虛牕忽報東方白且復緜　佛前

睡

紙帳青氈暖有餘昏昏信脚到華胥淒醪有力勤推

挽春茗無端苦破除半熟擁衾聞急雨下回推枕覓

殘書箇　若知否萬戶生封未必如

　舊遊

書劍萬里[illegible] [illegible]廖爾登隴常慨然射麋[illegible] [illegible]最樂
事至今[illegible] 楚天落筆千言不加點班荆石榼命
割鮮有時憑陵呼五白笑人辛苦作太玄君不見將
軍昔忍跨下辱京兆晚為人所憐功名富貴自古只
如此不如馳射樂飲終殘年

五雲門晚歸

高城帶遠林落日動寒砧行客 暮青山無古今
衰遲懃逸氣憂患足危心溪 [illegible]何時春水深

冬暖

今年歲暮無風雪塵土 經旬止酒卧空

齋吳蟹秦酥不容設日[illegible]民更畏螟蝗殘

宿麥濃霜薄霰不可得[illegible]一白老夫壯氣

橫九州坐想提兵西海頭萬[illegible]雪野玉花亂

點黑貂裘

歲暮

吳中寒氣薄歲暮亦和風移十[illegible]村北尋僧渡港東

露葵收半綠霜稻杵微紅一飽無餘念吾生正不窮

雪夜絕句二首

書卷紛紛雜藥囊擁衾時炷海南香衰遲自笑壯心

在喜聽北風　林

儒士歌謠一篇

村路雪泥人斷行佛燈一點絳紗明山前栖鶻歸可
晚磔磔風傳勁翮聲

禪室

早誇劇飲無勍敵晚覺安禪[illegible]但日赫赫心光誰障
礙緜緜鼻息自輕勻蒲龕紙帳[illegible]穩香椀燈籠作
夢新勿爲霜寒憶溫暖少林立[illegible]何人
炭盡也爐危坐至[illegible]作
短景窻易黑長宵夢少[illegible]有未害氣如虹
志士元謀道盍[illegible]生[illegible]堅但愧讀書功

雪後尋梅

夜汲井水煮

病起罷觀書　袖手清夜

燈火正淒冷

山童亦睡熟　汲水自煎茗　鏘

百尺鳴古井

肺腑凜清寒　毛骨亦蘇省　歸來

廊惜蹋踈梅影

雪後尋梅偶得絕句

雪晴蕭散曳筇枝　小蹇尋梅

時臨水登山一年

恨十分說似要渠知

其二

青帝宮中第一妃　寶香熏徹素綃衣　定知謫墮不容

久萬斛玉塵

巴邛橘中四叟博　輸玉塵九斛

其[illegible]

銀燭檀槽醉海棠老來非復錦城狂疎梅對影太清

淡爲拂焦桐彈復霜

其四

雪裏芬芳亦偶然世人便謂[illegible]貴飽知桃李俗到

骨何至與渠爭着鞭

其五

雙鵲飛來噪午晴一枝梅影[illegible]四人宿醉閑歆

枕不待聞香已解酲

其六

竹籬曲曲水邊村月澹　　　商略前身是飛
燕玉肌無粟立黃昏

其七

相逢未易可踈親不是登墻宋　　林下風標許誰
比直須江左謝夫人

其八

春近山中日漸長重重雲崦閟幽香神仙不飲塵凡
酒素面看人醉後狂

其九

蘂殿仙姝下界遊偶來稅駕剡溪頭君看月下橫枝

寄考亭

影盡具蒼龍與翠虬

其十

清霜夜夜奈寒何賴是知心有素娥枉道疎枝不禁笑主人歡意自無多

寄朱元晦提舉

市聚蕭條極村墟凍餒稠勸分[illegible]積粟告糴未通流民望甚飢渴公行胡滯留徵科[illegible]否尚及麥千秋

村居冬日

溪轉樵風路林藏禹會村[illegible]培山月涌金盆畏客常稱疾覓書不出[illegible]巾近更擬上雲根

林史君毋求
梅道人善醫

寓天慶觀有[illegible]八十七方燒丹云一黍米大可化汞一斤爲黃金梅道人年八十五善醫

世路崎嶇久已忘道腴禪悅度[illegible][illegible]故携開士降龍鉢來寄高人夢蝶牀只道燒金妄劉向不知賣藥是韓康日長坐覺非塵世庭檜[illegible][illegible]蜂蜜香

宿天慶道院

衰病厭多事清遊諧夙心夜深樓突兀歲晚柏蕭森汲井浣靈藥焚香橫素琴身閑境自勝城市亦山林

贈林使君二首

□林使君

使君物外閱年華厭聽奴兵早暮衙雙屐鳥雲呼野渡一瓢邀月醉梅花紅爐點火閑消日烏几緗經不憶家我亦峴山有歸處約君同載泝三巴

其二

松檜陰中百步廊我來剝啄[illegible][illegible][illegible]魚腸寶劍餘蛟血鸂鶒金鋤帶藥香弱水蓬萊[illegible]浩浩赤明龍漢劫茫茫何妨付與神丹訣教踏青[illegible]帝鄉

冬夜

窮巷蕭條早閉門片幽燈火夜昏昏老於俗事不關眼愁憶故人空斷[illegible][illegible][illegible][illegible]樂細狂風卷野惡

濤鱗土牀紙帳寒無寐有[illegible]北村[illegible]買不厭渾

宴坐

身寄窮山裏心安一事無薪傳[illegible]止觀漸解半跏趺急雪鳴窗紙孤燈耿地爐老來[illegible]睡且復兀枯株

夢中作

路平沙軟淨無泥香草丰茸[illegible][illegible]蹄擣紙聲中春日晚怳然重到浣花溪

夜寒遣興

道人頹然寄北窗愁魔百萬一笑降夜闌酒渴有奇夢吞楚七澤吳三江孤村蕭蕭雨解雲[illegible][illegible]宗臥飲

雪後出遊

鼠齧擁衾危坐待天明白首忍窮心似鐵

雪後出遊戲作

小巘平岡雪陸離幽人又賦探春詩典琴沽酒元非俗着屐觀碑又上奇大度乾坤容落托多情風月笑衰遲吾生也似梅花淡鸎老[illegible]未知

歲暮

半生浪走踏綦吳白首還家笑[illegible]芋灣鄰邀里巷昏煙濕雪晴舞[illegible]寫[illegible]恨[illegible]臺元田[illegible]有車笑擒陳編[illegible]濡

記夢

世事紛紛兩耳聾[illegible][illegible]由[illegible][illegible][illegible][illegible][illegible][illegible]遠萬里[illegible][illegible]
刻豪飲千觴不些人[illegible]鼓[illegible][illegible][illegible][illegible][illegible][illegible][illegible]鶯花如海洞
天春是間可老君知否[illegible]信人[illegible]息輿因

立春後三日作

拂面毿毿巷柳黃[illegible]寒細細野〻香春回江表常[illegible][illegible]
早日向山中特地長千古事〻[illegible][illegible][illegible]艇一毫憂不到
禪房綠樽掩罷惟須睡高枕看人舉世忙

短景

短景迫窮冬日月如飛過衡門窘風雨衰病不可那
蹲踈屋茅漏獵獵牕絲破鼠豪冒燈出人[illegible][illegible]屏臥

中都舊朋儕零落今幾箇弄筆欲遣愁孤　作興和

風雨旬日春後始晴

風吹過雁作斜行雨洗殘梅只淡香南浦春回波漸

綠東庵睡起日初長詩囊屬稾慚新思博齒爭豪悔

昔狂莫向晴窻對明鏡朱顏[illegible][illegible]鬢蒼蒼

乍晴風日已和泛舟石[illegible]扶桑埭徘徊西村

久之

十日風雨今日晴寒病忽減思欲行接䍦一幅煙霧

薄舴艋八尺烏篷輕亭亭孤塔遠天碧曲曲深巷斜

陽明數家茅屋民舍掩不聞人聲唯聞碓聲身似龐公

癭樽醉梅下

不入城東聽南西春餘生新年儻有豐年喜買酒漁

村看太平

晨起喜晴日可愛戲作一絶

蕭散山林一幅巾天公乞與自由身茅簷不似宮墻

暖日簷南總也可人

携癭樽醉梅花下

擿癭作樽容斗許擁腫輪囷无媚嫵肯從放翁來往

山誰云置身不得所山房寂寞久不飲作意欲就梅

花語我病鮮歡花更甚日暮凄涼泣殘雨人生萬事

雲茫茫一醉常恐俗物妨正須仙人冰雪伴老

接待院竹下

子鐵石腸花前起舞花底卧花影漸東小[illegible]生癭樽未竭狂未休笑起題詩識吾過

城西接待院後竹下作

水邊小丘因古城上有巨竹數百箇一徑蛇蟠不容脚平處乃可十客坐梟梟若三[illegible]枝舞蔌蔌時聽春籜墮古佛不繼香火冷寒僧無[illegible]裂沙破門前西去長安路日夜舳艫銜尾過老夫本三臺省姿且就清陰曲肱卧

夜飲示坐中

胡鴈叫群寒夜長[illegible]上天中央達人大觀卧一[illegible]

小園三畝亦新春

物烈士壯心懷四方忘年老是[illegible]為吞漢[illegible]書瘦莫能
經霜積付君詩卷好收拾後五百年無此狂

夜從父老飲酒村店作

旗亭濁酒典衣沽蟹舍老翁折簡呼夜中醉歸騎草
驢嵬昂不須宗武扶丹徒布衣吾[illegible]籌略漁陽突騎莫
枝梧床頭金盡何足道肝膽[illegible][illegible]橫九區

壬寅新春

半生常是道邊人晚歲初收事外身濁酒一樽聊永
日小園三畝亦新春尚無枕寄邯鄲夢那有衣沾京
洛塵門外煙波三百里（鏡湖三百里）此心惟與[illegible]鷗親

## 幽居春夜

暮景催人雪鬢雙十年始復反吾邦雲逢佳月每避含酒壓閑愁如受降三弄笛聲初到枕一枝梅影正橫窻要知清夢遊何許不釣桐江即錦江

## 讀書

放翁白首歸剡曲寂寞衡[illegible]麥飯冷不嘗要足平生五車讀[illegible]諷聲悲雜歌哭三蒼奇字已殺青[illegible]有時達旦不滅燈急雪打窻聞[illegible]紀隆典斷編真可續客來不怕笑[illegible]寄觸

晨起

小雨濕清曉新鶯啼[illegible]蜀開身

巴硤東連楚嶓山[illegible]素衣塵

昔在成都正月[illegible]市初春

行樂處也偶晨興聞[illegible]麻有感

樂事新年憶錦城城南麻市[illegible]今并老病茅簷

底卧聽兒童嚇鋍雀聲

獨孤生策字景略河中人工文善射喜擊

劍一世奇士也有自峽中來者言其死於

忠涪間感涕賦詩

憶昨騎驢入蜀關旗亭邂逅一開顔氣𠀤 太華中條
秀文在先秦兩漢間寶劍憑誰占斗氣名駒竟失養
天閑身今老病投空谷回首東風涕自潸

早春對酒感懷

探花疇昔喜春回老大空驚節物[illegible]儂作芳瓮旋開新壓
酒好枝猶把未殘[illegible]音生歲惡[illegible]蓁莫志士時平死
草萊 初聞獨孤策死 [illegible]宗誰[illegible]夜彈長劍有餘哀
曉[illegible]
浩歌振履[illegible]擷拉且勝堆盤供首
蓿未言滿[illegible]衣中[illegible]淨[illegible]

節香着句[illegible]人方厭六宫羊

[illegible]雨感歎有作

道傍襁負[illegible]忍棄不支爲國憂民空激烈殺身難[illegible]蜀壁[illegible]猶多媿徒倚柴荆只自悲十載西[illegible]忘歲差況佗慢下足蹲鴟予在蜀幾十年未嘗逢歲歉也

春晴泛舟

兒童莫笑是陳人湖海春回發興新一雨動風行驚蟄戶前一日聞雷天開地闢轉鴻鈞鱗鱗江色漲石黛嫋嫋柳絲搖麴塵欲上蘭亭却回棹笑談終覺愧清真

携一樽尋春湖上

尋春

伐月

酒裏眞須勉策勳百年何處是中分花坼十點猩猩

血水面初生瑟瑟紋一世極知均腐骨萬鍾元自付

浮雲浩歌不恨無人和但惜鷩鷗飛白鷺羣

晦前二日夜欲曉自湖上歸對殘月獨酌

小閣對寒蟾山樽盡更添方[illegible]輪滿又歎兩頭纖

脉脉離雲嬌娟娟傍畫簷[illegible]露下不恨客衣霑

春曉有感

山杏溪桃續續開[illegible]歌[illegible]杯年來只有追歡

夢百舌無情又喚回

夜觀秦蜀地圖

觀秦蜀地圖

往者行省臨秦中[illegible]戎散關寒雲低

疊清渭如帶障軍客高[illegible]王帳晝角悲壯傳

霜風咸陽六[illegible]三日到幽州[illegible] 一炬空意氣已無

雞鹿塞單于合入蒲萄宮燈前此圖忽到眼白首流

落悲途窮　吾皇英武同世祖諸將行策雲臺功孤臣

昧死欲自薦君門萬里無由[illegible] 令邁壯不為用筆

墨尚可輸微忠何當勒銘紀北伐更擬草奏祈東封

又雨小飲

春來日日風雨橫老去時時衰病攻門外回唐初漲

綠樽前樽面靨生紅未除豪氣每自笑欲 一狂言無

又一首

雨聲屑欲作海棠崇

與同安得并刀剪簷溜憑高萬里望晴空

有懷獨孤景略

富貴世間元不乏此君才大獨難成喑嗚意氣千人廢嫺雅風流一座傾韜略豈勞平大敵文章亦足主齊盟荒山野水涪州路腸斷西[illegible]薤露聲

春雨復寒遣懷

去日堂堂挽不回新年又傍鬢邊來雨聲欲作海棠祟書卷只爲春睡媒村舍蕭蕭供薄酒地爐微火倂殘灰浩然忽起金鞭興渼水嶓山安在哉

春遊

楊柳吹墮翠
淺水猶立鷺
海棠

平生樂行役不耐常閑戶今朝新雨霽一笑整巾屐
青鞵導幽蹊春草伴纖步亭三尊看濃藍果亦略具
辛夷發高枝楊柳吹墮翠行歌一念遠落日呼野渡
橫林已棲鴉淺水猶立鷺歸來意頗豪古錦有新句

海棠

今日春已半風雨停出遊餅[illegible][illegible]棠花數酌相獻酬
尚想錦官城花時樂事稠金鞭過南市紅燭宴西樓
千林誇盛麗一枝賞纖柔狂吟恨未工爛醉死即休
那知茅簷底白鬚見花愁花亦如娟姝掩抑向客羞
尤物終動人要非桃杏儔東風萬里恨浩[illegible]不可收

千金易得一士難

陸宣公奏議無備酸

寄仗錫平老借用其聽琴詩韻

放翁久矣無此客闖戶兒童皆動色寒泉不食人喝

死素綆銀瓶我心惻千金易得一士難晚途淹泊眼

愈寒豈知一旦乃見子傑語豪筆無備酸門前清溪

天作底細細風吹縠紋起倚杖一笑誰得知愛子數

詩如此水江湖安得常相從浩歌相踏卧短篷功名

渠自有人了留我鏡中雙頰紅

五月十四日夜夢一僧持詩編過予有暴

雨詩語頗壯予欣然和之聯巨軸欲書未

落筆而覺追作此篇

記夢中見晝雨作

觀月

黑雲塞空萬馬屯轉盼白雨如傾盆狂風疾雷撼乾坤壯哉澗壑相吐吞老龍騰拏下天閽鱗間火作電腳奔巨松拔起千年根浮槎斷梗何足論我詩欲成醉墨飜安得此雨洗中原長河袞袞來崑崙鸛鵲下看黄流渾

新塘觀月

携酒新塘南中夜欲忘歸貪看月滿湖不覺露濕衣天高鶴聲厲風急螢火稀此夕不一醉行歎破鏡飛漁家亦喜事未掩水際扉皇天有公道處處肯清暉

觀張提刑周鼎

宅人富貴堆金壁晏舞妖歌誇坐客清〻〻古誰修

公漢庭諸人推博識一朝得此周廟器買不論貲空

四壁苔痕洗盡銅色見坐卧摩挲欲志食饕童捧出

客爲起恍如清廟陪劒屨腹中奇字粲蟲魚嶧山之

碑那得比知公元是功名[illegible]能振一手同悲辛鎬京

洛邑在何許漠漠秋風吹虜塵

口占送嵒巖師還大梅護聖

放翁白髮已蕭然[illegible]新除玉局僊寄語山頭老師

叔欲分茅舍[illegible]老年（[illegible]禪師偈云[illegible]移茅舍入深居[illegible]聖也）

八月十四日夜湖山觀月

湖山觀月

長空露洗玻[illegible][illegible][illegible]金之盤徑三尺今看[illegible]地出

間桂樹扶疏[illegible][illegible][illegible]衣獨立鏡湖邊風露萬頃秋

渺然開帆詎必入東海騎鯨便可過飛僊冰壺玉瀣

侵骨冷醉看孤鸞舞清影衣闌歸舍人已眠却倩天

風爲吹醒

十五夜月色皦然[illegible][illegible]雲生遂不復見

北望但空闊南望橫群山青天無翳行素月寥寥求

夜非人間九醞漿成老僊醉六銖衣薄天宮寒翠眉

眞人不火食小立環珮風珊珊橫空邀我海山去縹

渺萬里驂青鸞相攜一笑在雲表徐看下十[illegible][illegible]

夜聞秋風感懷

西風一夜號庭樹起攬戎衣淚濺襟殘角聲催關月墮斷鴻影隔塞雲深數篇零落從軍作一寸凄凉報國心莫倚壯圖思富貴英豪何限死山林

玉局歌

玉局祠官殊不惡銜如冰清俸如鶴酒壺釣具常自隨五尺新蓬織青箬倚樓看鏡待功名半世兒癡晚方覺何如醉裏泛桐江長笛一聲吹月墮蔣公新冢石馬高謝公飛旐凌敉濤微霜莫遣侵鬢綠從今二十四考書玉局

醉歌

往時一醉論斗石坐人飲水不能敵橫戈擊劍未足豪落筆縱橫風雨疾雪中會獵南山下清曉嶙峋玉千尺道邊狐兎何曾問馳過西村尋虎跡貂裘半脫馬如龍擧鞭指麾氣吐虹不須分弓守近塞傳檄可使腥羶空小胡逋誅六十載狺狺猘子勢已窮聖朝好生貸孥戮還爾舊穴遼天東

閉門

寂寂雲山千萬重閉門不忍歎塗窮高秋酒熟雪浮甕中夜劍歸雷吼空近報犬羊逃漠北幾貔虎定

草書歌
牋蜀素不快人
付與高堂三丈壁

關中 君王猶記孤忠在安得英豪共此心

草書歌

傾家釀酒三千石閑愁萬斛酒不敵今朝醉眼爛巖電提筆四顧天地窄忽然揮掃不自知風雲入懷天借力神龍戰野昏霧腥奇鬼摧山太陰黑此時驅盡胷中愁槌牀大叫狂墮幘吳牋蜀素不快人付與高堂三丈壁

野飲夜歸戲作

青海天山戰未鏖即今塵暗舊戎袍風高乍覺弓聲勁霜冷初增酒興豪未辦大名垂宇宙空成勦哭[illegible]

蓬蒿藹直老將歸常夜無柰人間見女曹

夜泊水村

腰間羽箭久凋零太息燕然未勒銘老子猶堪絕大漠諸君何至泣新亭一身報國有萬死雙鬢向人無再青記取江湖泊船處卧聞新鴈落寒汀

幽居

遶屋嶙峋碧玉峯箇中天遣養疎慵捐書已歎空虛腹得酒還澆壘塊胸曲几坐看窺戶月短蓬卧聽隔城鍾柴桑自有歸來意狂道人間不見容

與鄰翁登山亭

數掩權籬圍夕照上閒茅舍背隈崖吾生後擾實無樂人事悠悠那可諧憂患向來侵綠鬢登臨此日費青鞋京華舊友凋零盡野老逢迎一散懷

## 無題

轣轆氊車赴密期追歡最數[illegible][illegible]時新春欲近猶貪喜舊愛潛移不自知寶鏡塵生[illegible]帳望鈿箏絃絕鴈參差玉壺莫[illegible]烟脂淚縱濕泥金帶上詩

## 遣興

平生與俗馬牛風落魄人間亦未窮綺奏終香纔碧烏絲書罷燭花紅萬[illegible]中吳蜀山川遊醉後周秦

伐空投老飄然君勿笑也勝魚鳥在池籠

夢宴客大樓上命筆作詩既覺續成之

表裏江山亦樂哉華纓滿座敵鄒枚歌從郢客樓中
聽獵向樊姬墓上回梅蘂香清篆寶髻熊蹯味美接
新醅眼邊歷歷興亡事欲賦章華恐過哀

新塘夜歸

煙月茫茫十里堤數聲漁唱埭東西旋燒新兎傾村
酒扶得歸來醉似泥

古風三首

少年慕黃老雅志在山林火食亦強勉寧[illegible]宦心

失脚墮世網裹病忽侵尋放逐適天幸獨[illegible]山未深
一牀元不睡翛然橫素琴開門毛髮冷湖闊月欲沈

其二

賀監未嘗死江天醉初醒逸少亦度世弭節過蘭亭
吾本淡蕩人轉徙如蓬萍聊[illegible]一杯綠駐此雙鬢青
邂逅兩僊翁笙鶴遊青冥還家不能食濁世紛羶腥

其三

功名如博戲大叫或作盧文辭組繡耳初不繫賢愚
貪情巳可笑憎嫉眞區區平生學金丹我豈斯人徒
嘯歌醉自和顏鬢老不枯寄後五百年璽一開鈞鏡明

讀書

累日無酒亦不肉食戲作此詩

小築精廬對岧傍[illegible][illegible]鷗與龜勝酒錢竟處無司
業齋日多來。[illegible]太常三確桄春蒸米滑風爐親候藥
茵香明年更入南山去要試臺中服玉方

讀書

讀書四更燈欲盡胷中太華蟠千仞仰呼青天那得
聞窮到白頭猶自信策名委質本爲國豈但空取黃
金印故都即今不忍說空宮夜夜飛秋燐士初許身
輩稷卨歲晚所立慙廉藺正看憤切詭成功已復雍
容託觀釁雖然知人要未易詎可例輕天下士君不

太行天下脊

秋興

見長松卧壑困風霜時來屹立扶明堂

自妙相歸將至杜浦堰舟中作

斜陽發東郭初夜轉西城寺閣疎鍾動漁村遠火明

蒼茫林靄滅撲漉水禽驚漸喜吾廬近遙聞過埭聲

秋興

樵風溪上弄扁舟濯錦江邊憶舊遊豪竹哀絲真昨

夢爽砧繁杵又經秋墜枝橘熟初堪剪浮甕醅香恰

受篘莫道身閑總無事孤燈永夜寫清愁

哀北

太行天下脊黃河出崑崙山川孕靈[illegible]歷世多名[illegible]

老夫實好義

哀哉六十年左衽淪胡塵抱負雖奇偉設施不得伸

老夫實好義亦望嘗酸辛何當塊蓄衮徑涉白馬津

窮追殄犬羊旁招出鳳麟努力待傳檄勿謂吳無人

琵琶

西蜀琵琶邏逤槽梨園舊譜鬱輪袍繡筵銀燭燕宮

夜一飲千鍾未足豪故園燕王宮今爲張氏海棠園

三江舟中大醉作

志欲富天下一身常苦飢氣可吞匈奴束帶向小兒

天公無由問世俗那得知揮手散醉髮去隱吳海涯

風息天鏡平濤起雪山傾輕帆入浩蕩百[illegible]不問名

蜉竿秋月鈎

自古危機無妙手

蜉竿秋月鈎巨鼇儻可求滅迹從今逝回隘九州

短歌行

百年鼎鼎世共悲晨鍾暮鼓無休時碧桃紅杏易零落翠眉玉頰多別離涉江采菱風敗意登樓待月雲爲祟功名常畏謗讒與富貴[illegible][illegible]衰病至人生可歎十八九自古危機無妙手正令捕翻上青雲不如得錢即沽酒

悲秋

秋燈如孤螢焰焰照隱户秋雨如漏壺點滴達旦暮我豈楚逐臣慘愴出怨句逢衰未免悲悲直以憂國〻

川濶雁平度
谷虛雲亂生

三軍老不戰比屋困征賦可憐江淮間歲歲常列戍

步至西村

一飽無餘事西村偶獨行橫筇息微倦汲井漱餘酲川闊鴈平度谷虛雲亂生絕知豐歲樂笑語隔柴荊

題接待院壁

笙歌凄咽離亭晚回首高城半掩門疊疊遠山橫翠靄娟娟新月耿黃昏未嫌雙艣妨歌枕自是孤舟易斷魂遙想柯橋落帆處隔江微火認漁村

九月晦日作四首

菊枝傾倒不成叢桐葉凋零已半空自是老來多感

槩不應蕭瑟為秋風

其二

山路清寒近探梅振衣高處興悠哉飛鴻杳杳江天
闊一片愁從萬里來

其三

錦城誰與寄音塵望斷秋江六六鱗正使傾家供麴
蘖定知不解醉愁人

其四

炊煙漠漠衡門寂夕照昏昏倦鳥還數樹丹楓映蒼
檜天工解作范寬山

陶山遇雪覺林遷庵主邑人招不果往

山中大雪二尺強道邊虎迹如坑大衰翁畏虎復畏寒招喚不來公勿怪梨花開時好風日走馬尋公作寒食不須沽酒引陶潛箭筍蕨芽如蜜甜

哭王季夷

超遙天馬渥洼來萬里脩途忽折回英氣即今猶可想舊遊何處不堪哀夢中有客徵殘錦地下無爐鑄橫財欲酹一鐏身尚病鬅封春露濕蒼苔

樊江晚泊

碧雲吞日天欲暮城西挼柂城東路蓴羹[illegible]鱠香且滿

舩正是江頭落帆處荻洲漁火遠更明西　金江閒

鴈聲不是緑樽能破悶白頭客路若爲情

蛾眉村旅舍作

小雨初收景氣和青苔狼籍落梅多曲肱野店睡斜日濯足溪橋鳴細波久厭俗情生眼白近承天詔賜顔酡予自壬寅冬兩頰復丹騎鯨未返蓬壺去此路猶須幾浩歌

蛾江野飲贈劉道士

春光盎盎催官柳柳色黄如酸中酒橋邊微逕愜幽尋世外高人共携手參差茅舍出木末隱映酒旗當浦口插花處處引村童失道時時問耕男客堪共[illegible]

客堪共醉百無一
事不諧心十常九

百無一事不諧心十常九日斜潮蒼茫不可留孤舟奮

上頻搔首

文亭遇老人長眉及有欲就之語忽已張

帆吹笛而去

颯颯長眉綠覆肩欲推壽數意茫然若非楚國庚寅

歲定是堯時丙子年銅笛一聲驚宿鷺蒲帆數幅破

晴煙遙知乘醉江湖去黃鶴樓頭又放顛

寓舍聞禽聲

日暖林梢鶻鵃鳴稻陂無處不青青一晨睡足猶慵

起支枕東牕盡意聽

春晚

雨足人家插稻秧蠶生隣女采桑黃茸花掃迎春歸
暮百草吹香日正長閑覔啼鶯穿北塢戲隨飛蝶過
東岡飄然且喜身強健不怪見曹笑老狂

題瑩師釣臺圖

羊裘老子釣魚處圖卷令人雙眼明未可忽忽便持
去夜牕吾欲聽灘聲

杖錫尋老具舟章迎前天衣印老印悉遣
還笑菴訪之作二絶句奉送兼簡平
畫舫籃輿不許甞白頭行脚意超然舜二云為究千丨

水盡在高人拄杖頭

其二

魚鼓聲中白髮巾南山笱蕨一番新長安不是無卿相林下平津獨可人

湖邊曉行

蹇驢清曉掠湖堤綫轡迎涼帽影低露拆渚蓮紅瀬閙雨催陂稻綠初齊先秋葉已時時墮失旦雞猶續續啼不是老來忘睡美戴星南畝慣扶犂

久雨杜門遣懷

風雨蕭蕭卧掩關經旬登覽負溪山也知小送遭春

梅雨

喜無來難消永日閑平野橫吹音　皇甫鴻聽
淙潺城闉路斷吾何恨濁酒枯魚亦破顏

梅雨陂澤皆滿

雨晴迷行路溪深没舊痕汪汪牛湩白盎盎酒醅渾
暖浸千畦稻橫通十里村群蛙更堪笑鼓吹鬧黃昏

夜意

幌外燈青見鼠行林梢月黑有梟鳴只言中夏夜偏
短萬里夢回天未明

其二

睡覺鄰雞已再啼遶簷燈暗雨凄凄東家寒爐不

借明日門前一尺泥

幽事

老境俗緣減，閑居幽事多。去沙通斷澗，補援護新荷。碁罷看山卧，釣歸搖櫓歌。餘年端有幾，風月且婆娑。

對酒戲作

去日奔輪不啻過，凌煙勳業已蹉跎。只言一寸丹心在，無奈千莖白髮何。色比鵝雛京口酒，聲如珠貫渭城歌。身閑取醉眞當勉，莫學癡人夢蟻窠。

夏雨

清風起湖濱，急雨來天末。蚊蠅遲退聽，禾[illegible]剛蘇活

軍中雜歌

奇聲集空庭爽氣生細葛素秋雖尚遙　柳潟

軍中雜歌八首

三受降城無壘城賊來殺盡始還營漠南漠北靜如掃清夜不聞胡馬聲

其二

秦人萬里築長城不如壯士守北平曉來磧中雪一丈洗盡羶腥春草生

其三

匈奴莫復倚長戈來款軍門早乞和鐵騎如山尚可避飛將軍來波奈何

守之甚於死

其四

名王金冠玉蹀躞面縛纛下聲吹呱稟銜哀遽霎渡

首賞與酒家鉗作奴

其五

三月未春冰塞川八月苦寒雪闇天紫髯將軍曉射

虎嚇殺胡兒箭似椽

其六

北面行臺號令新繡旗豹尾渡河津檄書纔下降書

至不用見郎打女眞

其七

賦姑惡詩

上車移所天

漁陽女兒美如花春風樓上學琵琶如今無

恨不屬蕃家屬漢家

其八

北庭茫茫秋草枯正東萬里是皇都征人樓上看太

白思婦城南迎紫姑

夏夜舟中聞水鳥聲甚哀若曰姑惡感而

作詩

女生藏深閨未省窺牆藩上車移所天父母爲宅門

妾身雖甚愚亦知君姑尊下牀頭鷄鳴梳髻著襦裙

堂上奉灑掃廚中具盤飧青青摘葵莧恨不美[illegible]

棄不敢怨
所悲孤大恩
同詩八三首

姑色少不怡衣衩纔浹痕所冀妾生男庶幾姑弄孫
此志竟蹉跌薄命來讒言放棄不敢怨所悲孤大恩
古路傍陂澤微雨鬼火昏君聽如惡聲無乃遣婦魂

暮歸舟中二首

五月來劇暑暮從城市還斷虹低飲澗落日遠銜山
蟹舍叢蘆外菱舟薄靄間詩情終草草虛遣鬢毛斑

其二

湖水綠可愛弄橈衝夕霏林昏漁火出山轉寺鐘微
老歎世情惡窮知心事違回頭語孤鶴不我莫先飛

夏夜四首

夏夜忽已半東岡月初生起行遶庭樹　澗聲
漂流憶安郎局促念遐征幽懷誰晤語　觴還自傾

其二

螢火喜晴庭桐葉矜冷雨幽人悄不寐獨夜誰與處
乾坤信無情歲月遽如許明發視鏡中鬢絲添幾縷

其三

庭荒蔓草長堂豁爽氣入悠然推枕起聊作倚杖立
飛螢亦避雨黏棟光熠熠南鄰輸稅歸小婦愁夜泣

其四

結屋在郊墟翛然謝炎熾窗扉故閒寂水竹亦幽[illegible]

夏日五鼓起

飛蟲望燈集栖鷰銜雨至一石枕與葛幮美哉今夕[illegible]

## 北渚

北渚露濃蘋葉老南塘雨過藕花稀新秋漸近蟬更急殘日已沈鴉未歸銅鏡面顔無藥駐玉關勳業恐與心違一蓑一笠生涯在且醉蒼苔舊釣磯

## 夏日五鼓起戲書

老雞喔喔桑樹顛明星磊磊茅屋邊我興視夜不復眠坐看朝曦浴虞淵開窻清風來穆然拂几洗硯數蠹編火雲崔嵬忽滿天安得羲和徐[illegible]鞭

## 雨夜

雜多事徒知曉

落葉無情先報秋

月正樹無影

露濃荷有聲

急雨如何瀉瓦溝空堂卧對一燈幽老[illegible]強知

曉落葉無情先報秋身未蓋棺誰可必何當有酒莫

閑愁功名老大從來事且復長歌起[illegible]

小立

曠懷塵事外小立綠陰間舉世皆嫌拙平生剩得閑

江郊雲易暗旱歲雨終慳欲醉樽無酒悠然對暮山

徙倚

漁扉夕不掩徙倚欲三更月正樹無影露濃荷有聲

崢嶸歲將晚悄愴恨難平坐念中原没男兒恐浪生

居山

涉世緣雖薄居山味自長寄雲雙屩濕洗藥一溪香
有酒作臉纈無愁供鬢霜遼天渺歸鶴千載付茫茫

新刊劍南詩稿卷第十四

新刊劒南詩藁卷第十五

山陰[illegible]

[illegible]首

白髮蕭蕭欲滿頭歸來一[illegible]山秋醉[illegible]乾坤

進[illegible]年日月遭[illegible]鐘不空[illegible]許國[illegible]角只

[illegible]朝煙雨桐[illegible]且占丹楓繫[illegible]

其二

暮境何堪與病[illegible]落葉擁亭[illegible]知世上人情

惡且放江邊醉[illegible]俗紛紛何[illegible]了詠詩渾渾寄

吾豪碧油金鎖[illegible]意未許人言[illegible]楚騷

八月一夜半起飲酒早書數絶

有漏神仙有髮 [illegible] 酣欹枕對秋 [illegible] 忽然起索三升

酒 [illegible] 颯蛟龍入 [illegible]

秋雨漸 [illegible] 有懷典元三首

八 [illegible] 中夜漸長 [illegible] 燈影共淒涼 [illegible] 鄭風霜

昊 [illegible] 熊狍獵場

其二

十年前在 [illegible] 痛飲無時 [illegible]

歇卧聽奈女學箜篌

其三

秋風曲

清夢初回秋夜闌牀前耿耿一燈殘忽
過猶作當時鐵馬看

秋風吹雨[illegible]窗紙壯士不[illegible]枕起牀[illegible]一樽酒
空[illegible]看淚如洗鴻[illegible]霸上百萬師[illegible]庭九
千[illegible]前畫角聲[illegible]隴上鐵衣光[illegible]飛渡遼
健[illegible]鶻談笑不[illegible]筆堂堂羽檄[illegible]天下夜半斫
營[illegible]可鄙拾螢[illegible]何益投筆[illegible]當努力百斤
長刀兩石弓飽[illegible]聽秋風

送宣[illegible]并寄其兄曇二公

在吴識曇公至四[illegible]才公彌天[illegible]事　託晚乃得從容

是家固多賢天[illegible][illegible]窮初秋夏[illegible]　侍衲子各西東

子[illegible]惜此別共[illegible][illegible]紅[illegible]我耐逆　萬事一笑空

子[illegible]知我不視身[illegible][illegible]蓬枯蓬未變[illegible]　姑當付之風

家　高年我今[illegible][illegible]翁俯仰幾時[illegible][illegible]已忽忽

那[illegible][illegible]景更受憂患[illegible]須[illegible]早[illegible]歸[illegible][illegible]晚菘

書[illegible]晚戲作

地偏身飽[illegible][illegible][illegible]殊美老雞[illegible]

厨人罷晨汲童子愁[illegible][illegible]

心空夢亦少醋枕甘若醴不學多事[illegible]

飲村店夜歸二首

致主初心匪漢唐暮年[illegible]

口又卧旗[illegible]

十二

灩[illegible]彫君勿辭橙[illegible]美白鵝[illegible]醉中[illegible]身今

老[illegible]螢光躍雨[illegible]

雨夜感[illegible]

點[illegible]空階雨送凉[illegible]對影獨凄傷　如病木驚秋

早心似鰥魚怯[illegible]得黃金猶[illegible]術掃空白髮定

無方蕭然禪榻[illegible]　笑一卷殘書[illegible]枕傍

寄葉[...]

白首不堪憂患纏[...]樂事餞流年[...]寺山猶費幾緉屐貯酒真須百斛[...]信王侯等螻蟻可因富貴失神仙（老杜詩王侯與螻蟻共盡隨丘墟 太白詩富貴[...]仙蹉跎成兩失）驚人亦莫摩鈍秋華松風足書[...]

月下小酌

昨日雨遺贈孤燈對皤首[...]月滿庭長歌[...]長柳

世變浩無[...]覆手人生[...]樂事卜[...]酉

我歸自梁益零落愴親[...]

後生多不識詎肯顧衰朽一杯無與同

茆屋酒殘雨
公雜圍夕陽

讀秦公路傳

成敗相尋豈有常英雄

事何恨郵亭

鄉曲小飲

早稻 魚塲相呼集野 近霜新 美近 醪香

茆屋 殘雨竹籬 陽新豐不須作 信是吾鄉

秋夜觀 一首

夢回殘燭耿房櫳 呌天叫斷鴻病骨不禁風露

重披衣小立月明中

其二

秋夕秋風

誰琢天邊白玉盤亭亭破霧上高寒王家無客見貪

睡常恨清光獨自看

枕上

香冷燈昏夢自驚愁冉冉帶餘酲夜長誰作幽人

伴惟蛩聲與月明

秋夕大風松聲甚壯戲作短歌

人生不自憐坐受外物戒雖把玩餞酉憂壞

山樓亦何有耳左礪快秋刻刻烈風方賁

初聞尚蕭瑟髣髴聽嚴

又疑楚漢戰須洞更勝敗不然六月雨

三更勢稍斂鐵馬歸入塞孰能從吾遊

明河篇

明河八月轉分[illegible]㢌如素練西南傾年年[illegible]

漢坊坊曲曲聞碪聲良人[illegible]爭征行碪聲[illegible]有玉

關[illegible]知鐵衣冷如水[illegible]點明河白髮生[illegible]草死

駱駝鳴萬里却望長安城兒生總角爺未見歸心頓

覺封侯輕漢家自[illegible]有夷狄付與窮荒何足惜只願

天狼無光太白低還家爲婦說安西

夜聞鄰家治稻

二頃春蕪廢不耕半生名宦竟何成歸來每羨農家

樂月下風傳打稻聲

浪迹

浪迹人間四十年鏡中不覺已華顛山川慘澹秋多感燈火青熒夜少眠壯志已忘榆塞外高情正在酒壚邊扁舟不恨無人識且復長歌入暮煙

夜步庭下有[illegible]

夜遶中庭百匝行秋風傳[illegible]三更星辰北[illegible]踈還密河漢西流縱復横驚鵲遶枝栖不穩冷[illegible]猶明書生老抱平戎志[illegible]百

題酒家壁

贈猫

明主何曾棄不才書生飄泊自堪哀煙
遠雲棧西從隴蜀回宿雨[illegible]秋欲[illegible][illegible]
初來酒香菰脆丹楓岸強遣尊前笑口開

題書齋壁

隨分琴書適性情乍寒偏愛小牕明旋煎嬰茗留僧
話故種芭蕉待雨聲丹藥驗方非畏死文章排悶不
求名是間幽事君知否莫怪經秋少入城

贈猫

裹鹽迎得小貍奴盡護山房萬卷書慚愧家貧策勲
薄寒無氈坐食無魚

羇魂虛伏些詞招病骨那禁積毀消亂葉打窻寒有信昏燈照幔夢無聊棧邊老驥心空在橐下殘桐尾半焦百感忽生推枕起碧霄銀漢正迢迢

## 秋雨排悶十韻

今夏久無雨從秋却少晴空濛迷遠望蕭瑟足寒聲衣潤香偏着書蒸蠹欲生[illegible]聞瓦墮漲水[illegible]隄平溝溢池魚出天低塞鴈征螢飛明闇廡蛙閙[illegible]且藥醭時須焙舟閑任自横[illegible]多荒楚菊黃[illegible]夜永燈相守愁深酒細傾浮雲會消散

、小舟航湖夜歸書觸目三首

雲黑風號不見星古丘叢木[illegible]青靈舟人[illegible]語兩兩三三鬼火青

其二

電掣平空雲黯黮船浮[illegible]水浪憑陸茫然不辨身何處猶喜東南見塔燈

其三

遥望湖塘炬火迎纔歸村舍雨如傾長途回首知安在催喚見童暖酒鐺

、幽居書事二首

正欲清言聞客至
偶思小飲報花開

莫歎人間苦不諧清時有味是歸來已因積毀成高
臥更借陽狂護散才正欲清言聞客至偶思小飲報
花開紛紛爭奪成何事白骨生苔但可哀

其二

安命知天更不疑幽居最愛早寒時手中書墮初酣
枕牕下燈殘正劇棊鮮鯽每從溪女買香菰時就釣
船炊山陰清絕君須記雪[illegible]罏未辨詩

晚霽二首

雨斷簷餘滴雲踈日漏明[illegible]如積潦天自落[illegible]
溪碓舂香稻霜叢翦綠橙書生久愁臥作[illegible]

其二

漲水迴舊壑浮雲歸故山[illegible][illegible]執蔬去鄰婦債春[illegible]

喬木蒼煙外孤村落照間莫嫌樽酒薄且用破愁顏

。雨後散步後園

淡日輕雲未快晴消消[illegible]水去無聲爲憐一徑新苔

綠別就墻陰取路行

其二

澤國霜遲木未踈秋來更覺愛吾廬芭蕉綠潤偏宜

墨戲就明窗學草書

示客

甲子晴

十年奔走每思歸剩喜湖邊𦘕掩扉社燕免教嘲作客海鷗曾是信忘機暉暉晚日收新稻漠漠新寒試夾衣留客盤飧君勿笑一畦蔬甲摘初稀

甲子晴

今日甲子晴秋稼始可言老農喜相覓隨事具雞豚掃地設菅席酌酒老瓦盆耳熱仰視天何異傾金樽牛羊散墟落雲氣滿衡門[illegible]屬父老勿恨此酒渾

後一日復雨

一雨三日水抹隄南村北村[illegible]淒淒天公約束龍反穴不忍嘉穀沈塗泥日光清薄潦未縮起視文數行

雲西初纔淅瀝洒窗戶俄已湍瀉鳴溝溪豐凶相乘

若翻手振救小緩輒噬臍[illegible]閩腐儒不預此且收芋

栗寬兒啼

紹興庚辰予游[illegible]樂石門與老洪道士

痛飲賦詩既[illegible]過山陰王仲信爲予作石門

瀑布圖今二十有四年開圖感歎作絶句

二首

二十餘年別石門燈前感舊欲消魂人生萬事皆如

夢自笑區區記劍痕

其二

秋雨

愛酒黃冠鬢如雪石門邂逅一樽同懸知久作此山土愁對畫圖秋雨中

雨中遣懷

秋稼連雲飽不疑寧期一敗莫支持雨如梅子初黃日水似桃花欲動時正晝蟁蝱驅不去終宵鼃黽悤

何爲凶年氣象堪流涕邑紛紛滿竹籬

秋思

秋來情味更堪論身寄城南五畝園委轡看山無鐵驪（梅聖俞馬名）拾樵煎茗有青[illegible]（石九之小童名）陂塘夜雨添新漲原野煙蕪減舊痕豈是平生少親友略無人肯訪

孤村

秋雨歎

點點滴滴雨到明悽悽惻惻夢不成牕間殘燈暗欲滅匣中孤劔鏗有聲少年[illegible]書忽頭白一字不試空虛名公車自薦心實恥[illegible]豐獨飲人所驚太行千仞揷雲立黃流萬里從天傾遺民久慣泝左衽屠虜向足煩長纓霜風初高鷹隼擊天河下洗煙塵清投筆急裝須快士令人絶憶獨孤生獨孤策蕭人前歲死於峽中

雨中小酌

晨起占雲日日西吾廬煙雨正凄迷愁看場上禾生

小智室自賞



耳且泥杯中酒到齊窓日幾時飛野馬甕天惟是舞醯雞前村着屐猶通路自摘金橙擣鱠虀

衰病有感三首

衰與病相乘山房冷欲冰在家元是客有髮亦如僧愁絕窮秋雨情親獨夜燈西鄰有甘井聊得曲吾肱

其二

倦枕先雞覺寒汀伴鴈孤 天誰省録衰疾且枝梧鶴骨秋添瘦龜腸夜自呼蓋棺吾事定未敢泣窮途

其三

蠶官一周星歸如化鶴丁灰心成寂寂霜鬢失青青

小窗空自貴吳愚元不靈客來應絶倒扶病講丹經

雨止頓寒遂有[illegible]意

霧雨昏昏地氣騰蝶中朝暮厭驅蠅未看雲脊色排陰翳先覺清寒洗鬢影蕭驗客便新熟酒讀書貪熱欲殘燈明朝樂事眞當賀山北山南[illegible]渡藤

秋晴出游

雨餘清冷近霜天拄杖閑拖不掛錢黃葉舞風初蓊蘙碧渠通溜正濺濺無情日馭工催老耐事天公要放顛瀟暮行歌並湖去有人偷樣畫癯僊

悲秋四首

形骸枯槁病侵陵少睡長飢一老僧霜春夜籌愁更無
賴莫收書葉且留燈

其二

蕭蕭衰鬢點新霜人靜房櫳易斷腸等是閑門愁裏
過任教風雨壞重陽

其三

殘年孤寂不禁秋醉自淒醒更愁富貴空成守錢
虜吾今何止百宜休司空表聖自言有四宜休

其四

小雨簾櫳慘淡天醉中偏藉亂書眠夢回有恨無人

會枕伴燈香似昔年

久雨道懷

暮年惜日月木落輒動心閑居念親友所願聞足音
風雨斷官道吾廬况幽深渺渺雲水鄉蕭蕭蘆荻林
草茂豪鳴蛙天闊無來人四顧此何處悠然付孤吟

野步書觸目

村落初過雨園林殊未霜幽花雜紅碧野樹半青黃
飛鷺横秋浦啼鴉滿夕陽最憐山脚水撩亂入陂塘

月下

月白庭空樹影稀鵲栖不穩遶枝飛老翁也學烏[illegible]

九月十日

山禽

名園美蔭不飛去

似比交朋猶有情

撲得流螢露濕衣

九月十日

不須扇障庾公塵散地翛然學隱淪風帽可憐成醉夢菊花已覺是陳人昏昏但苦餘酲在莫莫女無佳句新歎息吾生行已矣老来歲月似奔輪

○秋晴園中山禽絶多有感而賦

九日秋陰一日晴山禽應□閑行幽吭弄暖聞相命勁翮凌風遠有聲孰果啄餘看核墮細枝銜得欲巢成名園美蔭不飛去似比交朋猶有情

燈籠

僧燈

討論僧丐正塗乙

我年十六遊名場靈芝借榻棲僧廊鍾聲纔定屐復聲
集弟子堂上分兩廂燈篝一樣薄臘紙瑩如雲母含
清光還家欲學竟未暇歲月已似奔車忙書生白首
故習在顛倒簡牘紛朱黄　嬰雖復作老伴目力眩
晃不可常平生所好忽入手摩挲把挈喜欲狂蘭膏
瀲灩支達旦秋雨蕭瑟輸新凉討論廢忘正塗乙遂
欲盡發萬卷藏所嗟衰病終難勉非復當年下五行

舟過南莊呼村老與飲示以詩二首

昔我過此時荷花粲雲錦今我復來遊霜露已淒凜
鄉鄰福苦薄積雨敗垂穟禾頭耳[illegible][illegible]熟計難高枕

努力教子孫
天公終可倚

所懼憂　吾君歲暮詔發廩勿言村醪薄排悶聊共飲

其二

玄雲吞落日大風東北起隔林鳴兩鳩當道行衆蟻
晴來未三日雨候乃復爾我場何時乾嘉穀在泥滓
豐凶歲所有遊惰古所恥努力教子孫天公終可倚

○秋夜獨過小橋觀月

湖上蕭蕭葉落頻小橋東畔岸綸巾乍圓素月升寒
璧欲散微雲蹙細鱗有酒便應遺世事得閑隨處勝
官身笑談但恨朋遊少安得幽人與卜鄰

紹興中與陳魯山王季夷從兄仲高以重

九日同遊禹廟後三十餘年自三橋泛舟歸山居秋高雨霽望禹廟樓殿重複光景宛如當時而三人者皆下世予亦衰病無聊慨然作此詩

重樓傑閣倚虛空紅日蒼煙正鬱葱鄉國歸來渾似鶴交朋零落不成龍人生真與夢何校我輩故應情所鍾淚漬清詩却回棹不眠一夜聽鳴蛩

雜興四首

風雨雜遝雪霜柏森森獨居雖無友二物慰我深

其二

皓首漾漾意

病瘧

萬物各有時蟋蟀以秋鳴我老自少眠那得憎此聲

其三

漲水入我廬蒲葉黏半扉日出水返壑念汝何由歸

其四

清霜滌井葉秋晚氣如春回首風吹盡天公解戲人

予秋夜觀月得瘧疾枕上賦小詩自戲

貪看霜月步亭皐不覺寒侵范叔袍且倚誦詩驅瘧鬼斷無人寄碧腴膏唐小說中鄭虔妻病瘧杜子美教誦子章髑髏血模糊等句以却之又元微之謫江陵病瘴白樂天自長安寄以碧腴膏

後春秋曲并序

感舊作春愁曲

秋夜

予在成都作春愁曲頗爲人所傳偶見舊稾悵然

有感作後春愁曲

六年成都擅豪華黃金買斷城中花醉狂戲作春愁
曲素屏紈扇傳千家當時說愁如夢寐眼底何曾有
愁事朱顏忽去白髮生真墮愁城出無計世間萬事
元悠悠此身長短歸山丘閉門堅坐愈生愁未死且
復秉燭遊

秋花歎

秋花如義士榮悴相與同豈比輕薄花四散隨春風
黃菊抱殘枝寂寞臥寒雨拒霜更可憐和蔕浮煙浦

寄題朱考亭武夷精舍五絕

古來結交意正要共死生讀我秋花詩可代丹鑄盟

寄題朱元晦武夷精舍絕句五首

先生結屋綠巖邊讀易懸知屢絕編不用采芝驚世俗恐人謗道是神僊

其二

蟬蛻巖間果是無世人妄想可憐渠有方為子換凡骨來讀晦庵新著書

其三

身閑剩覺溪山好心靜尤知日月長天下蒼生未蘇息憂公遂與世相忘

其四

齊民本自樂衡門水旱那知不自存聖主憂勤常旰食頻公一一報曾孫

其五

山如嵩少三十六水似邛郲九折泠我老正須閑處着白雲一半肯分無

病思

夜憁孤影怯青燈瘦着秋衣欲不勝光景正如寒圃蝶情懷却羨病寮僧篝爐冷落燒殘藥禪榻敲斜倚古藤莫怪頹然遺世事鬢絲日日鏡中增

喜聞蜀士見過

病愈

秋夕高齋病始輕物華凋落歲崢嶸蟹黃旋擘饞涎墮酒淥初傾老眼明提筆詩情還跌宕倒牀藥裏尚縱橫閑愁恰似憎人睡又起挑燈聽雨聲

病中忽有眉山士人史君見過欣然接之口占絶句一首

蜀語初聞喜復驚依然如有故鄉情絳羅餅餤玻璃酒何日蟇頤伴我行眉州以紅裹餅餤至二十四子號通義餤玻璃春郡酒名也亦爲西州之冠

初寒

初寒

我窮不自活萬事付天公今年寒苦晚霧雨常濛濛
雖遣裘褐憂坐念疾病攻清夜喜不寐萬木號西風
新霜纔幾何瘴癘一掃空曉看烏臼林已有數葉紅
微雲時去來寒日猶曈曨振衣起出户一笑尋鄰翁

出塞曲

北風吹急雪夜半埋氈廬將軍八千騎萬里逐單于
漢家如天臣萬邦歡呼動地單于降鈴聲南來金閃
鑾赦書已報經沙漠

無題

碧玉當年未破瓜學成歌舞入侯家如今顦顇蓬窻

隨緣久矣均憂喜
玩世惟須半醉醒

裏飛上青天妬落花

道室即事

一簪殘雪寄林亭手把黃庭兩卷經琴調養心安淡泊爐香悟夢上青冥隨緣久已均憂喜玩世惟須半醉醒溪父園公殊未見頹然誰與共忘形

夙興

青燈黃卷擁篝爐殘髮垂蓬未暇梳略似諸生勤夜課絕勝小吏迫晨趨雞聲喔喔寒猶力月影離離淡欲無幽致滿前君不領枉因留滯歎頭顱

長安道

勢熱二人果是 知此 可想此老文章 下意祇

千夫登登供版築萬爲手丁丁供斵木歌樓舞榭高入雲復幔重簾晝燒燭中使傳宣騎飛鞚達官候見車擊轂嵩惟炎熱可炙手五月瞿唐誰敢觸人生易盡朝露晞世事無常壞陵復士師分鹿眞是夢塞翁失馬猶爲福君不見野老八十無完衣歲晚北風吹破屋

記夢

夜夢有客短褐袍示我文章雜詩騷措辭磊落格力高浩如怒風駕秋濤起伏奔蹴何其豪勢盡東注浮千艘李白杜甫生不遭英氣死豈埋蓬蒿晚唐諸人

聖賢親見生非晚

戰雖鏖眼暗頭白眞徒勞何許老將揮弓刀遇敵可使空壁逃肅然起敬豎髮毛從讀百過聲嘈嘈借未終卷雞已號追寫尚足驚兒曹

冬夜讀書

茂陵病後非平昔瘦骨竛竮短鬢疎紅燭悔從長夜飲青燈喜對小年書聖賢親見生非晚忿慾俱空死有餘破屋頹垣君勿笑更闌絃誦滿吾廬

遊仙五首

飄飄鸞鶴杳難攀萬里東遊海上山應有[illegible]人遙稽首紫簫餘調落雲間

遊仙

以壽三星度真可

以福近之長吉

其二

鳳舞鸞歌宴蕊宮碧桃花下醉千鍾紅塵謫滿重歸去花未開殘宴未終

其三

玄圃春風賜宴時雙成獨奏玉參差侍晨飲罷虛皇喜一段龍綃索進詩

其四

初珥金貂謁紫皇仙班最近玉爐香為嫌未慣叢霄冷獨賜流霞九醞觴

其五

玉殿吹笙第一仙花前奏罷色悽然憶曾偷學春愁曲謫在人間五百年

過鄰家

今日病良已筇枝發興新高居遺世事一笑過吾鄰夕照明丹藥秋風老白蘋素衣雖化盡不爲犯京塵

山園晚興

傳杯誰與豁幽悰霜晚黃花未滿叢過鴈一聲寒靄外短籬數掩夕陽中易雖病裏猶能讀詩到愁邊始欲工惟有功名眞已矣嬾將華髮對青銅

初冬出扁門歸湖上

桑柘枝空葉作堆斜陽更着角聲催雲歸玉笥蒼茫
去水下蘭亭曲曲來稽壠受犂寒欲遍漁公入市晚
爭回貂裘破弊霜風冷愁對青燈撥瓮醅

新寒小醉睡起日巳高戲作

倦眼朦朧睡易成華胥税駕不多程衾重枕穩當霜
夕氊暖屏深擁宿酲栩栩蝶魂閑自適緜緜龜息靜
無聲幽棲豈是忘微禄正怕絛鈴擾五更

太息

閑將白髮照清灘太息年光逝不留勳業無期著書
晚此生與世判悠悠

六經萬世眼

平生足憂患

歲晚信乾坤

冬夜讀書

平生喜藏書，拱璧未爲寶。歸來稽山下，爛漫恣探討。六經萬世眼，守此可以老。多聞竟何用，綺語期一掃。幽居出户稀，衰病擁爐早。青燈照黃卷，作意勿草草。

晚步

地爐附殘火，將夕鳥雀喧。食已了無事，扶杖閑出門。披披歸雲陣，淡淡新月痕。平生足憂患，歲晚信乾坤。緩步牛羊巷，浩歌桑柘村。九原不可作，吾人與誰論。

村舍

空谷人稀到新寒瘍頓輕晨霜催小獵宿雨潤新耕
草莽秦馳道雲煙越故城千年不磨滅惟有暮山橫

野步至近村

隨意出柴荊清寒作晚晴風吹鴈北鄉雲帶月東行
童稚爭追逐漁樵習送迎白頭寧復仕惟此餞餘生

夜坐油盡戲作二絶句

金罇晝燭少年豪白首孤燈不厭勞夜漏雖深書未
竟半釭誰與續殘膏

其二

欲盡殘燈更有情可憐剪斷讀書聲區區紙上太癡

計一笑開門看月明

歲暮

離離井上桐鬱鬱墻下桑零落豈不悲無奈中夜霜
蟋蟀更可念歲暮依客牀客亦自孤寂衣篝爇殘香
一燈掛西壁耿耿青無光援筆欲寫愁三嘆不成章

幽居感懷

偶傍楓林結數椽東歸也復度流年汀洲鴈下依殘
水墟里人行破夕煙十月風霜欺客枕五更鼓角滿
江天散關清渭應如昨回首功名一愴然

山中夜歸戲作短歌

遇酒時能傲憂患

駿馬不用換美妾名酒不用博涼州霜天飲酒騎馬
出馳獵蹴蹋川原秋少年意薄萬户侯白首乃作窮
山囚箭鋒豈必盡狐兔習汝聊欲平山丘夜歸湖上
酒初醒莊舍蕭條燈火冷解刀自笑太麤生却染松
煤飛兔穎

狂歌

少年雖狂猶有限遇酒時能傲憂患即今狂處不待
酒混混長歌老巖澗拂衣即與世俗辭掉頭不受朋
友諫掛帆直欲截煙海策馬猶堪度雲棧捋然凝膜
肯貯愁天遣作盎盛藜莧鬢垂不擲性所便衣垢志

濯心已慣眼前故人死欲無此生行矣風雨散羣爲
麈伏轅駒寧作江湖斷行鴈

遲暮

遲暮固多感况此歲崢嶸霜霰忽已集夜聞絡緯鳴
青燈不解語依依有餘情銅瓶煮寒泉中作笙簫聲
沈憂能傷人一夕白髮生蓬萊渺雲海金丹幾時成

種秋

種秋供留客移花待探春愁邊開樂國鬧裏作閑身
鬢髮今如此頭顱莫問人白鷗非避俗野性自難馴

擁爐

冬夜吟

睡少久人笑老生擁爐孤坐欲三更月移西去失花影風自北來傳漏聲臭鼎煎茶非俗物鴈登開卷愜幽情興來自喜猶強徤一餉清詩取次成

冬夜吟

昨夜凝霜皎如月碧瓦鱗鱗凍將烈今夜明月却如霜竹影横牕更清絶造物有意娛詩人供與詩材次第新飢鴻病鶴自無寐山窮水絶誰爲鄰西村梅花消息動唧唧寒醅漸鳴瓮儘將醉帽挿幽香此生莫作長安夢

讀書罷小酌偶賦

書生歎

歲晚淒涼冰雪晨頹垣破屋鏡湖濱浮生亦念古有
死壯氣要使胡無人黃卷展殘三太息綠樽酌罷一
嚬伸躬耕不預差科事猶向清時作幸民

移花遇小雨喜甚爲賦二十字

獨坐閑無事燒香賦小詩可憐清夜雨及此種花時

書生歎

君不見城中小兒計不踈賣漿賣餅活有餘夜歸無
事喚儔侶醉倒往往眠街衢又不見壠頭男子手把
鉏丁字不識稱農夫筋力雖勞憂患少春秋社飲常
歡娛可憐秀才最誤計一生衣食囊中書聲名纔出

衆毁集中道不復能它圖抱書餓死在空谷人雖可罪汝亦愚嗚呼人雖可罪汝亦愚曼倩豈即賢侏儒

冬夜醉解殘燈熒然起讀書至明賦詩十韻

冬夜厭久坐頗幸一醉眠滿酌文舉樽徑卧子敬氊鼻雷未及作眼電遽瞭然孤燈如秋螢喚我開陳編初欲限一卷隨手紛聯翩歡然不知疲忽已晨烏遷嗟我行六十衰病迫殘年仕進今永塞文章後誰傳飽食而安寢此計定自賢勿學草玄翁死爲人所憐

夜行

路長憂炬盡馬弱畏泥深腸斷猿啼樹魂驚鬼嘯林
艱危窮自慣寒苦老難禁回首金牛道加鞭負壯心
頃自小益還南鄭夜宿金牛驛時方大寒人馬俱欲僵仆今十二年矣

游淳化寺

蕭寺久不到偶來幽興長蜡穿珠九曲蜂釀蜜千房
雨過山橫翠霜新橘弄黃年衰道不進珍重一爐香
僧問拯迷如何是祖師西來意師曰古殿一爐香拯迷即淳化也

餘慶出遊夜歸

杖藜尋勝愜幽情芒屩如飛病體輕迎客寺梅繞半
吐避人山雉尚徐行東谿水落灘聲壯南嶺雲酣雪

意成薄暮歸來僧已定佛龕龍獨對一燈明

遊前山

兀兀無歡意閑遊未擬回屐聲驚雉起風信報梅開山雪堆僧衲溪流動蟄雷平生一桐帽自惜犯塵埃

齋前獨坐戲作

閉戶學僧坐頹然遺世情虛窻鴿飛影枯葉犬行聲雪擁衫灰暖雲垂紙帳明清饞不可耐一笑聽華鯨

晚同僧至谿上

躭躭卧石羆當道矯矯長松龍上天不怕雪雲寒到骨喚僧扶杖立橋邊

賣石榴小店

僧飯

雲碓舂秔白齋廚爨桂香百窮慚燕頷一飽慰龜腸舉世知心少平生爲口忙何當棄簪笏終老掩山房

○山店賣石榴取以薦酒

山色蒼寒雲釀雪旗亭據槁興悠哉麴生正欲相料平聲理催喚風流措措來

平水小憩

蓐食草庵中肩輿小市東霧收山淡碧雲溫日微紅酒斾村場近罾船浦溆通平生喜行路小住莫怱怱

自若耶溪舟行杭鏡湖而歸

換馬亭前煙火微鬬牛橋畔行人稀雲山慘澹少顔色霜日青薄無光暉新酒初成桑正落美人信斷鴈空歸高樓何處吹長笛凊淚無端又濕衣

宴坐

鼓樂弦歌萬二千天魔剩欲破幽禪道人袖手心如氷一點紗燈夜悄然

遊山歸偶賦

此生本寄一浮漚歸臥茅茨又四秋習氣未除惟痛飲幻軀偶健且閑遊買羮山縣雲藏市橫笛江城月滿樓與世沈浮最安樂莫思將相快恩讎

六十吟

## 六十吟

人生夊矣無百年六十七十巳爲壽嗟子忽忽蹈此境衰髮如蓬面枯瘦孤松摧折老澗壑病馬凄涼依棧豆尚無籌策活目前豈有功名付身後壁罅風入燈焰搖地爐火盡寒蕭蕭胷中白虹吐千丈庭樹葉空衣未纊

## 舒悲

嗜酒苦猖狂畏人還齷齪老病始悔歎天下無此錯管葛逝已久千古困俗學捫虱論大計使我思景略中原失枝梧胡塵暗河洛天道遠莫測[illegible]氣伏不作

煌煌東觀書無乃太寂寞丈夫不徒死可作一丘貉
歳晚計愈踈撫事淚零落

山園晚興

病骨初輕野興濃閑扶拄杖夕陽中草枯陂澤涓涓
水木落園林淅淅風楊子妻凉老天祿馬周顑頷客
新豐壯心未與朱顏改一笑憑高送斷鴻

獨立

獨立柴荆外頹然一禿翁羽亂山吞落日野水倒寒空
憂患已備老飄零敢諱窮漁歌亦何恨悽斷滿西風

○探梅絶句二首

半吐幽香特地奇正如官柳弄黄時放翁頗具臯梅
眼可愛南枝愛北枝

其二

江路雲低糝玉塵暗香初探一枝新平生不喜凡桃
李看了梅花睡過春

遠興

莫言人世足悲傷只爲詩情合斷腸窻檻雨晴湖瀲
灩郊墟煙重月茫茫梅花調苦愁三弄竹葉香倩泥
一觴閉戶終年嗟局促不如新鴈到衡湘

張功甫許見訪以詩堅其約

零落汀蘋露氣清北窻昨夜已秋聲書來屢有入東
約坐上極思虛左迎激烈哦詩殷金石縱橫落筆走
蛟鯨吾曹此事期千載老眼相逢剩要驚

新刊劒南詩稾卷第十五

新刊劍南詩稾卷第十六

山陰陸　游　務觀

夜夢與數客觀畫有八幅龍湫圖特奇客
請予作詩其上書數十字而覺不復能記
明旦乃追補之亦髣髴夢中意也

高堂閱畫娛嘉賓巨幅小卷縱横陳其間一圖最傑
作命意落筆驚倒人奇峯峭立挿地軸飛瀑崩瀉垂
天紳壽藤老木幻荒怪深潭危棧愁鬼神忽然白晝
起雷電始覺異物蟠淪陰雲四興誅老魃甘澍連
夕蘇疲民豈惟陂澤苗盡立已活億萬介與鱗文章

盖畢世畫共之法

朧力要可回千鈞

戲吳體

與畫共一法朧力要可回千鈞錙銖不到便懸隔用
意雖盡終苦辛君看此圖凡幾筆一一圓勁如秋蓴
乃知世間有絶藝天造草昧參經綸吾言未竟且復
止剩發幽奥天公嗔

泛舟

女墻齾齾齾齾帶斜暉短棹還從剡曲歸木葉經霜渾欲
盡人家近水自相依逢迎俗客言多忤顛沛窮途計
易非雪裏閉門殊不惡故貂雖弊勝無衣

夜聞大風感懷賦吳體

故都宮闕汙羶腥原野久稽陳大刑未須校尉戍西

域先要將軍空朔庭意言揮戈可退日身乃讀書方聚螢病起窻前髮如雪夜聞風聲孤涕零

骨相

骨相元知薄功名敢自期病侵強健日閑過　聖明時形勝輪臺地飛騰瀚海師江湖雖萬里猶擬綴聲詩

有感二首

書生事業絕堪悲橫得虛名毀亦隨怖懼幾成牀下伏艱難何啻劒頭炊貸監河粟元知誤乞尉遲錢更覺癡已卜一庵鵝鼻谷（鵝鼻谷在秦望山秦刻石之所且嶺巉峻）可無芝

木齋朝飢

其二

讀遍名山萬卷藏殘年肯受俗低昂正須嘯詠風濤上未至悲辛酒匋旁夢裏功名誰復計閑中日月不勝長　虛皇有詔君知否盡賜江湖作醉鄉

城西晚眺

嫋嫋城笳咽熒熒漁火青霜凋兩岸柳水浸一天星靜看船歸浦遙聞鴈落汀倚闌幽興極不敢恨飄零

苦寒

凍硯時能出苦吟濁醪亦復慰孤斟誰知冰雪凝嚴

候自是乾坤變育心癘鬼盡驅人意樂遺蝗一洗麥根深但嫌景短妨書課棲鳥紛紛又滿林

夙興

病後精神殊未減披衣每起待晨雞愛書不厭如平昔戒酒新嚴似禁隄莫歎茅茨常扃促猶勝簿領苦沈迷迎長漸近丹當熟已覺温温下徹臍

冬夜讀書甚樂偶作短歌

衰病作書祟常恨無新功兎甌供茗粥睡思一洗空郊居近城闉漏鼓傳鼕鼕湘帙開爛漫牙籤紛疊重朱黃參筆墨照映燈花紅魯壁汲冢祕天遺尉困窮

袞衣窺藻火宗廟聽笙鏞端居得至樂生世豈不逢
藜羹冷未啜短褐忘嚴冬拜手謝造物不須黑頭公

冬夜月下作

造物寧能困此翁浩歌庭下答松風煌煌斗柄插天
北熠熠月輪生海東皂纛黃旗都護府峩冠長劍大
明宮功名晚遂從來事白首江湖未歎窮

感憤

此老常懷此憤

今皇神武是周宣誰賦南征北伐篇四海一家天歷
數兩河百郡宋山川諸公尚守和親策志士虛捐
少壯年京洛雪消春又動永昌陵上草芊芊

霜風吹枯桑
落葉乾有聲

## 蓬戶

蓬戶眞堪設爵羅歲時野老自相過人情好處看方見詩句窮來得最多枕上長歌時激烈樽前一笑且婆娑白頭萬事都經遍莫爲悲傷損太和

## 行後園

霜風吹枯桑落葉乾有聲陂池日已涸沙水見底清人生非金石歲暮難爲情安得天邊鵠駕之以遐征

## 曉出遇獵徒有作

出門萬瓦粲晨霜忽憶軍行起裹創賣劍買牛身已老搴旗斬將夢猶狂奇才古有潛屠肆豪氣今誰寓

獵場狐兎草間何足問合留長箭射天狼

贈道侶

崎嶇世路久知難準擬丹成玉鍊顔十載尋人遍巖穴一樽隨處對谿山蘇門晝寂聞舒嘯函谷秋清候度關剩欲相招同此事疑君未辦一生閑

六言四首

功名正恐不免富貴酷非所須鐵馬未平遼碣釣船且醉江湖

其二

暾飯一簞不盡結廬環堵猶寛常得奉祠玉局不須

草詔金鑾

其三

烏有翁邊貰酒無何鄉裏尋花把定東風一笑今年別是生涯

其四

壯歲京華羇旅暮年湖海清狂忽倚新知可樂笑中白刃如霜

作雪未成自湖中歸寒甚飲酒作短歌

黑雲垂到地飛霰如細礫我從湖上歸散髮醉吹笛少年志功名目視無堅敵慘淡古戰場往往身所歷

題傳神

初三月

寧知寧大繆白首猶寂寂淒涼武侯表零落陳琳檄

報〻主知何時誓死空憤激天高白日遠有淚無處滴

題傳神

鹽車心愧渥洼姿邂逅風雲妄自期齧雪豈無歸漢

日飯牛猶有相齊時君看短褐琴橫膝誰許峩冠劍

拄頤白髮蕭蕭雖憊矣時來或將濟（遼）師李英公平遼東時已八十餘

閏月三夜舍西觀新月

平生絕愛初三月況是平池浸玉鉤老去人間明月

少一樽誰與話清愁

薏米

獨夜

城上長更續短更江平天迥鴈方征燈明紙帳雲霜色火熟銅瓶風雨聲濁酒未傾心已怯細書時讀眼猶明蕭然一室平生慣纛下何須擁萬兵

晚出偏門

一段新愁帶宿酲半欹烏帽策驢行村墟香動梅初破裘褐寒輕雪未成渡口人爭紅日晚沙邊鴈帶碧煙橫悠然又見長堤路腸斷城樓畫角聲

薏苡 蜀人謂其實爲薏米唐安所出尤奇

初遊唐安飯薏米炊成不減雕胡美大如芡實白如

玉滑欲流匙香蒲屋腹腴項臠不入盤況復餐醢誇
甘酸東歸思之未易得每以問人人不識嗚呼壽材
從古棄草菅君試求之籬落間

荅鄭虞任檢法見贈

卧龍山前秋雨晴鄭子過我如夙昔照人眉宇寒巉
巉懸知筆有千鈞力鏡湖歲暮霜禾空乃聞載酒同
諸公歸來湖山皆動色新詩一紙吹清風文章要須
到屈宋萬仞青霄下鸞鳳區區圓美非絕倫彈丸之
評方誤人

舟中曉賦

舟中晚

小艇下滄浪吳歌特地長斜分半倉月滿載一蓬霜
香甑炊菰白醅醪點蟹黃官遊元爲口莫恨老江鄉

野興二首

玉門關外何妨死飯顆山頭不怕窮春瓮已成花欲
動了無一事着胷中

其二

猨臂將軍老未衰氣吞十萬羽林兒南山射虎自堪
樂何用封侯高帝時

月夜有感

烱烱冰輪升澹澹玉宇碧高樓傾美酒一醉不容失

落魄

陸生獨何事閉戶飽岑寂年來負風月豈止此一夕平生酒邊身欲老每自惜夜闌耿不寐浩歌出金石

落魄

落魄東吳莫笑儂今年要不負春風閑愁擲向乾坤外永日移來歌吹中酒浪欲爭湖水綠花光却妬舞衫紅公卿憂責如山重肯信人間有放翁

遣興

壯年一箭落雙鵰野餉如今擷藥苗寒與梅花同不睡悶尋鸚鵡說無憀烏絲闌上詩初就綠篘脣中酒半消老去可憐風味在未應山海混漁樵

## 湖村野興二首

十里疎鍾到野堂，五更殘月伴清霜。已知無奈姮娥冷，瘦損梅花更斷腸。

### 其二

山色空濛雨點微，醉中不覺濕蓑衣。何妨乞與丹青本，一棹橫衝翠靄歸。

## 看鏡

局促人間百不如，每看清鏡歎頭顱。醉來風月心雖在，老去軒裳夢已無。棋劫正忙停晚餉，詩聯未穩畫寒爐。乘除尚喜身強健，六十登山不用扶。

白雲忽破碎

### 塞上

塞上今年有事宜將軍承詔出全師精金錯落入尺馬剌繡鮮明五丈旗上谷飛狐傳號令蕭關積石列城陴不應幕府無班固早晚燕然刻頌詩

舟過會稽山下因繫舟遊近村迨暮乃歸

六十齒髮衰歲月如逝波秦王酒瓮邊知復幾經過欣然捨畫檝从步捫青蘿一徑入幽谷四面聞樵歌白雲忽破碎翠木相蕩摩瀲瀲春塘滿柳陰戲雙鵝浮生百憂中此樂顧豈多日暮吾其歸已矣爛斧柯

人日偶遊民家小園有山茶方開

山茶

人日西郊路晨光射淺灘停橈喜靄散照影歎衰殘社酒香浮瓮春蔬緑滿盤山茶雖慰眼不似海雲看

成都海雲寺山茶花一樹千苞特爲繁麗

○過杜浦橋

橋外波如鴨頭緑杯中酒作鵝兒黃山茶花下醉初醒却過西村看夕陽

其二

橋北雨餘春水生橋南日落暮山横問君對酒胡不樂聽取菱歌煙外聲

上元日晝卧

積雨連上元孤愁卧空館宿酲殊未解欲起意復嬾牀敷蠻氈穩被擁吳綾暖殘香碧縷細軟火紅焰短雖云少睡眠聊喜屢展轉昏昏忽已暮一笑呼茗椀

莊器之作招隱閣項平父諸人賦詩予亦繼作

諸公共賦反招隱細字斜行肯見傳語到淮南小山作人如江左永和年一牕蘿月禁春瘦萬壑松風撼晝眠我亦尚嫌林谷淺因君更擬斸雲煙

春夜讀書感懷

荒林梟獨嘯野水鵂羣鳴我坐蓬牕下荅以讀書聲

悲哉白鬚翁世事已飽更一身不自恤憂國淚縱橫
永懷天寶末李郭出治兵河北雖未下要是復兩京
三千同德士百萬羽林營歲周一甲子不見胡塵清
賊酋實孱王賊將非人英如何失此時坐待姦雄生
我死骨即朽青史亦無名此詩儻不作丹心尚誰明

宿能仁寺

小雨暗江城倦客寄僧榻孤燈如秋螢清夜自開闔
遙憐萍青青厭聽鼃閣閣窻明竟無寐卯飲倒殘榼

寄題方伯謩遠庵

方侯胸中負經濟議論源源有根柢借令不用老山

林尚欲著書垂萬世百年，苦短萬世長榮利一時真豕蝨渠曹定自別肺肝今夕不爲明旦計

○雨中宿石帆山下民家

老覺山行倦閑便求宿幽雨泥看放鴨煙草聽呼牛槃箸煩頻勸窗扉喜小留餘年竟何事高枕送悠悠

中夜雨霽月色入戶起飲酒一杯作絕句

吹盡浮雲天宇清城頭疊鼓報三更平生無此一杯酒玉笥峯頭看月生玉笥在石帆之南

○贈石帆老人

地僻林深客到稀高春未起閉柴扉新松鬱鬱三千

本密竹蕭蕭一尺圍溪友旋分菰米滑山童新采蕨芽肥因君更作長閑想麟閣雲臺竟是非

溪上醉吟

行行不知溪路深但怪素月生遥岑不辭醉袖拂花絮與子更醉青蘿陰

因山

垣屋參差緑樹邊因山光景餞華顛平川極目思秦地大澤浮空憶楚天刺虎射麋俱已矣舉杯開劍忽悽然此生終遣英雄笑棘没銅駝六十年

小園

松菊僅三畝作園真強名馴禽雛不去熟果墜無聲
倦就盤陀坐閑拈椰栗行茅亭亦疏豁憑檻看春耕

鄉人或病予詩多道蜀中遨樂之盛適春日遊鏡湖共請賦山陰風物遂即杯酒間作四絶句却當持以誇西州故人也

嫩日輕雲淡泊天撲燈過後賣花前便從水閣杭湖去捲起朱簾上畫船

其二

舫子窗扉面面開金壺桃杏間樽罍東風忽送笙歌近一片樓臺泛水來

其三

湖波緑似鴨頭深一日春晴直萬金好事之家鬬歌舞方舟齊榜出花陰

其四

花光柳色滿墻頭病酒今朝嬾出遊却就水亭開小宴繡簾銀燭看歸舟

病中

風雨暗江天幽窻起復眠忍窮安晚境留病歷多年客助修琴料僧分買藥錢餘生均逆旅未死且陶然

病起

句光向客淡

開歲忽六十，病餘閑炷香。春光向客淡，夜漏爲愁長。已老雞豚社，永違鴛鷺行。蒼龍西角月，孤夢墮微茫。

小築

小築茅茨鏡水濱，天教靜處着閑身。平原不復賦豪士，甫里但思歌散人。翠壁微泉時的皪，衡門疊嶂曉嶙峋。子虛誤辱諸公賞，萬里輕鷗豈易馴。

記夢

東吳春暮寒猶重，睡美不聞城角動。身雖衰惰怕出門，江山尚入幽窻夢。夢到青羊看脩竹，道人云我丹將熟。試求一黍換肝腸，它日重來駕黃鵠。青羊宮在成都南門

外浣花道中

久雨排悶

一春略無十日晴雨脚纔斷雲已生奇葩擺敗等青莧嘉穀漂蕩隨浮萍書生病卧苦及褥濕薪燎衣熏欲盲腰頑足痺空歎息咫尺不得行中庭讀書牕黑不見字彈琴絃緩那成聲老盆濁酒且復醉兩部皷吹方施行

雨中泊舟蕭山縣驛

端居無策散閑愁聊作人間汗漫遊晚笛隨風來倦枕春潮帶雨送孤舟店家菰飯香初熟市檐蓴絲滑

至錢清

欲流自笑勞生成底事黃塵陌上雪蒙頭

夜漏欲盡行度浮橋至錢清驛待舟

潮生抹沙岸雲薄漏月明江頭曉色動鷄起人未行
扶携度長橋仰視天宇清遙憐繫舟人聽我高屐響
水檻得小憩一笑拄杖橫澄漪弄孤影微風吹宿酲
湛然方寸間不受塵事攖寄語市朝人此樂未易名

江頭十日雨

江頭十日雨雨止春已盡殘紅如掃空草木皆綠潤
林墟櫻筍鬧節物團欒近可憐笠澤翁百憂集雙鬢
賦詩空自清學道了不進林間一甌茶晤語君勿吝

柯橋客亭二絶句

小市初晴巳過春朱櫻青杏一番新灞陵老子無人識暫借郵亭整角巾

其二

梅子生仁燕護雛遶簷新葉緑扶踈朝來酒興不可耐買得釣船雙鱖魚

小雨舟過梅市

故故催詩襯雨蓬悠悠破夢隔雲鍾遥看漁火兩三點巳過暮山千萬峯老矣自應埋病骨歸哉莫念抗塵容停橈小住青楓岸吴市高人儻可逢

蜀蔬兩巢即東坡所賦元修菜



曉枕

曉枕鶯聲帶夢聽忽看淡日滿窗櫺閑愁誰遣濃如酒醉過殘春不解醒

巢菜 并序

蜀蔬有兩巢大巢豌豆之不實者小巢生稻畦中東坡所賦元修菜是也吳中絕多名漂搖草一名野蠶豆但人不知取食耳予小舟過梅市得之始以作羹風味宛如在醴泉蟇頤時也

冷落無人佐客庖庾郎三九困譏嘲此行忽似蟇津路自候風爐煮小巢

吴娘曲

鏡奩鸂鶒出千黑蟻斂梁梅小雙青豆吴娘十四未知愁羅衣已覺傷春瘦閑尋女伴過西家鬬草歸來日未斜睡睫濛濛嬌欲閉隔簾微雨壓楊花

感舊

醉眼常輕見女曹西遊對客尚能豪縷金羯鼓龜兹樂鏤玉琵琶邏沙槽巫峽已囬行雨夢錦江空憶浣花邀閑情何計都除盡爲覓并州快剪刀

晨起閑步

飛紅掠地送春忙嫩緑成陰帶露香聽徹曉天鶯百

囀却隨飛蝶度橫塘

○初夏同桑塲世昌過隣家

空谷舊生涯蕭條只自嗟妻饞嗔護筍兒疴失澆花

赤米老能飽濁醪貧可賒徵科幸差簡扶杖過隣家

寓歎

孤生拙料事諸老誤知人世故幾翻覆此身常賤貧

有書藏禹穴無地靜胡塵衰病今年劇呻吟欲過旬

○春夏雨暘調適頗有豐歲之望喜而有作

二十年無赤白囊人間何地不耕桑陂塘處處分秧

遍村落家家煑繭忙野老逢年知飽暖書生隨例得

猖狂雨餘天氣初清潤曳屐長歌出草堂

聞虜酋遁歸漠北

幽州遺民款塞來來者扶老携其孩共言單于遠逃遁一夕荊棘生燕臺　天威在上賊膽破奉頭鼠竄吁可哀妄期舊穴得孳育不知天網方恢恢老上龍庭豈不遠漢兵一炬成飛灰　陛下中興天所命築壇授鉞皆雄才煌煌九霄揭日月浩浩萬里行風雷號山多獸可遊獵汝不請命何歸哉

○初夏遊凌氏小園

水滿池塘葉滿枝曲廊危樹愜幽期風和海燕分泥

處日求吳蠶上簇時閑理阮咸尋舊譜細傾白墮賦新詩從來夏淺勝春日兒女紛紛豈得知庾信詩云夏淺勝春鏡湖遊人至立夏而止

偶得北虜金泉酒小酌賦絕句二首

草草杯盤莫笑貧朱櫻羊酪也當新燈前耳熱顛狂甚虜酒誰言不醉人高適詩云胡兒十歲能騎馬虜酒千杯不醉人

其二

逆胡萬里跨燕秦志士悲歌淚滿巾未覆胡腸涉胡血一樽先醉范陽春

無題

珠鞲玉指擘箜篌誰記山南秉燭遊結綺詩成江令醉囊泉夢斷沈郎愁天涯落日孤鴻没鏡裏流年兩鬢秋不用更求騶豆術人生離合判悠悠

戲贈

簾幕陰陰晝漏遲鵝黄雪白絡新絲只應笑殺東鄰女不見鞦韆到折時

題少陵畫像

長安落葉紛可掃九陌北風吹馬[illegible]杜公四十不成名袖裏空餘三賦草車聲馬聲喧客枕三百青銅市樓飲杯殘炙冷正悲辛仗內闕[illegible]催賜錦

閑居書事

園林緑葉一番新桃李吹成陌上塵玩易焚香消永日聽琴煑茗送殘春隱居正欲求吾志大患元因有此身堪笑癡人營富貴百年贏得冢前麟

登臺遇雨避於山亭雨霽乃歸

溽暑不堪蝸舍陋瘦藤扶我上危亭搏禽俊鶻横空去捲雨狂風掠野来壯觀深知化工妙幽尋却蹋夕陽回悠然有喜君知否屐齒留痕遍緑苔

村居書觸目

雨霽郊原刈麥忙風清門巷曬絲香人饒笑語豐年

飽知遊官無多味

樂吏省徵科化日長技上花空開蝶翅林間[illegible]美滑鶯吭飽知遊官無多味莫恨爲農老故鄉

訪醫

衰與病相乘況復積憂慮眩昏坐輒瞑疲弱行欲仆今晨訪之醫見語疾當去脉來如泉源未易測君數盛衰當自察信醫固多誤食氣如之動心生死良細故

夏夜讀書自嘲

事業無成去日遒只今身世付滄洲風煙慘慘菰蒲老星斗離離河漢流寂寞書生學[illegible]可字窮愁客子著春秋白頭自苦君無笑骨朽成塵[illegible]心未休

○夏日小宴

橫吹銅笛蒼龍聲雙奏玉笙丹鳳鳴已判百年終醉
死要將一笑壓愁生旋移畫舫破[illegible]影高捲朱簾延
月明試問炎歊在何許夜闌翻怯葛衣輕

送紫霄女道士四明[illegible]君二首

一別南充十四年時時清夢到金泉山陰道上秋風
早却見神仙小自然果州金泉山謝自然飛昇之地

其二

道骨仙風凜不羣清秋采藥到江村自言家住雲南
北知是遺塵幾世孫

醉中夜自村市歸

村市夜騎黃犢還却登小閣倚闌干銀河斜界曉天碧壁月下入秋江寒吾輩身閑且飲酒人生事定須闔棺元自胷中着雲夢莫驚緑鬢耐悲歡

城北夜

端居厭孤寂偶繫北城舟天地一涼色江湖汗漫遊螢光矜暗夜蟲語報新秋老去功名意青燈映布裯

秋夜舟中作

沽酒黃葉村炊飯紅蓼岸居人不孰何正作漁父看漁父我所羨尚恐不得作讀書端自癡游宦亦何樂

安期篇

四顧澤茫茫仰視天離離長歌[illegible]去月落斗未歛

日晚散步湖上遇小雨

暮色蒼蒼日初落寒聲策策風正[illegible]湖邊倚杖隄上行病起聊試遊山脚平生出門輕萬里老去謝客專一壑風濤澒洞鮫鰐橫閶闔崔[illegible]鬼神惡春蕪二頃叱黃犢老學爲農元不錯兜鍪蚪星俱掃空雨笠香新織青蒻

安期篇

我昔遊崆峨捫蘿千仞峯丈人倚赤藤恐是安期翁贈我一丸藥五雲出瓢中服之未轉刻瑩然冰雪容

素手擲山靄綠鬟吹天風丈人顧我喜共騎一蒼龍
蓬萊亦何求愛此萬里空却來過齊州塏埒看青嵩

曉望海山

暮山青尚淺曉山如黛染開窻望海山天清霧方斂
向來六月中黑雲齊如截蒼龍一曳尾卷雨灑炎熱
造物信老手忽作萬里秋刻削[illegible][illegible]峭巉然消客愁
豈無一布帆寄我浩蕩意會當駕長風清嘯遺世事

山園草木四絶句

紫薇

鍾鼓樓前宮樣花誰令流落到[illegible][illegible]少年妄想今除

盡但愛清樽浸晚霞

黄蜀葵

開晴閑淡斂時愁蘭菊應容預勝[illegible]剩欲持杯相領

略一庭風露不禁秋

拒霜

滿庭黄葉舞西風天地方收肅殺功何事獨蒙青女

力墻頭催放數苞紅

蓼花

十年詩酒客刀州每爲名花秉燭遊老作漁翁猶喜

事數枝紅蓼醉清秋

## 賽神曲

叢祠千歲臨江渚拜貺今年那可數須晴得晴雨得雨人意所向神輒許嘉禾九穗持上府廟前女巫遞歌舞嗚嗚歌謳坎坎鼓香煙成雲神降語大餅如槃牲腯肥再拜獻神神不違晚來人醉相扶歸蟬聲滿廟鎖斜暉

## 夜中起讀書戲作二首

髮已凋零齒已疎忍飢白首卧蝸廬　風聲忽[illegible][illegible][illegible]

其二

過夜半呼燈起讀書

滅虜區區計本疎水邊喬木擁荒□九原定發龔公笑至老依然一束書

○秋夜出門觀月

六十衰翁適得閑一秋無事掩柴□鴈來慘澹沙場外月出蒼茫雲海間飲酒已衰猶涉步各著書初畢可藏山此生終羨漁家樂小艇常衝夕靄還

雨中買酒鏡湖酒樓

陰風號大澤暮雨上高樓愁憶新豐酒寒思季子裘登臨天地迮老病歲時遒安得急裝去北平防盛秋

聞虜政衰亂掃蕩有期喜成口號二首

[illegible]露洗明月
[illegible]收乱雲

正朔今年被[illegible]蠻遙知喜色動天顔風雷傳號臨春水春水虜都名貔虎移軍過玉關博士已成封禪草單于將就會朝班孤臣老抱周南恨壯觀空存夢想間

其二

遺虜遊魂豈足憂漢家方運幄[illegible]籌天開地闢逢千載雷動風行遍九州刀斗令嚴[illegible]夜旌旗色照鐵關秋功名自是英豪事不用[illegible]君萬戶侯

甲辰中秋無月十七夜[illegible]皎然達旦

老覺人間無一欣窮閻掃[illegible]謝紛[illegible]已憑白露洗明月更遣清風收亂雲栖鵲揀枝[illegible]穩斷鴻呼伴遠

猶聞瘂羸慵躡梧楸影午[illegible][illegible]向分

悲秋

病後支離不自持湖邊蕭瑟早[illegible][illegible]已驚白髮馮唐老又起清秋宋玉悲枕上數聲新[illegible]鳫燈前一局欲殘棋丈夫幾許襟懷事天地無[illegible][illegible]不知

農家秋晩戲詠

鞕地如鏡築我場破壟碧玉粒輸官倉九月野空天欲霜甑中初喜新粳香舍邊蕭蕭落葉多野蠶出繭飛黃蛾寒蔬種罷醉且歌隻雞短紙賽園婆

病中作

老鶴遼天興□躬此生光景自怱怱家爲遊床相逢
處身在嚴□□發中澀眼尚於書有味孤愁殊覺酒
無功揮戈草檄今誰記歲晚江邊白髮翁

秋夜讀書

讀書喜夜長著書悲歲暮平生仁人□前哲澟有庸人懼
吾廬大澤中地曠北風怒徂年□□不寒氣迫霜露
燈昏老眼闇鈍馬行惡路投枕□□終吾長歎非故

病起

頹垣破屋暗藜蒿病起不□□倚山楹羣木
朧暮臨苔砌百蟲號力彊□□□待腰折屋□只

漫勞賴有濁醪生耳熱[illegible]吾豪

晨起

孤夢忽自驚小牕初送明珍禽[illegible]可愛不知名

向者事宦遊塵土過半生傳呼聲[illegible]出夢鼕尚殘更

山居雖自由晨起亦有程洗硯[illegible]几一笑愜幽情

秋夜

老病龍鍾不入城濁醪麤飯餞餘生未霜村舍秋先

冷無月江天夜自明出塞雖勲平賊手下惟聊喜讀

書聲山童[illegible]月燈暗自撥殘爐候藥鐺

雨[illegible]過東村

小雨空濛物[illegible]可偶扶藤杖過東坡墊巾風度人爭

看蠟屐年[illegible]自悲窮鬼有靈揮不去死魔多力到

無期歸來笑向譍門說且了浮生一首詩

山寺

寺門壓石危欲崩槎牙老松掛古藤風傳上方出定

磬石雨暗古殿長明燈宿林野鶻[illegible]起爭栗山童呼

不譍谿南闇道更幽絕明日裂石行藤

天王廣教院在蕺[illegible]年二十餘時

與老僧惠迪游[illegible]到也淳熙甲

辰秋觀潮海[illegible]門曳杖再遊怳

如隔世矣

遊山如讀書深淺皆可樂吾亦自一丘壑

淒凉四十年始復重着脚老僧講座塵漠漠

當時童子輩衰鬢亦蕭索掃壁題歲月真電雹

文章畢不傳衣食窘如昨出門然遼海渺孤鶴

江月歌

放翁平生一釣船秋水未落江渺然露洗玉宇清無

煙月輪徐行萬里天人間聲利何足捐浩歌看月衿

不眠孤鶴來翩翩似欲駕我從此僊我寓紅塵

今幾年俛首嗟常自憐樂哉揮手過月邊風來

凋玉井蓮

言懷

嵩雲緱月本閑人誤落塵中白髮新萬事看山差入眼百年把酒獨關身棧邊老馬行安往床下寒龜息自匀藜杖一枝猶好在未妨閒探早梅春

歲暮

小築幽栖與拙宜讀書寫字伴[illegible][illegible]已無歎老嗟卑意却喜分冬守歲時羹臘芳[illegible][illegible]爲衣襦輕暖首

晨興

繅絲農家歲暮眞堪樂[illegible][illegible][illegible]知

倦枕厭寒夜起尋殘火[illegible]動耿耿一燈[illegible]
野氣增霜力窗光淡[illegible][illegible]且復灌吾園

村飲

少年喜任俠見酒氣已吞一飲[illegible]斗斛何足論
綠草滿雉場紅旗植毬門三叫[illegible]傾倒寫黃金盆
銀爐熾獸炭狐兎紛炮燔浩歌揺空雲壯志排帝閽
回首今幾時去日如車奔朱顏辭曉鏡白髮老孤村
隣翁勸黍酒穉子供魚飧功名信已乎萬事付乾坤

[illegible]書罷出門徙倚久之歸賦長句

浩歌曳杖出[illegible]不管三更露濕衣擬看林[illegible]殘月

曝書

上偶逢浦口 歸鷺鴻脫網寒相倚飢鶻 巢夜
亦飛却奄 啼語聊憑香盌洗塵機

曝書偶見舊稿有感

日滿晴軒理蠹魚壯遊回首一欷歔妄凉王粲從軍
作零落相如諫獵書歌吹恍忽登北固弓刀誰記渡
南徂虎頭本欠功名相歸老林 禾疎

崑崙行

陰雲解駮朝暾紅黃河直與 鴛鸞鳳驂虬
龍徑躡香煙上空中 下視積氣青
濛濛寒暑不分晝夜同 烈風凛然蒿

氣沖融不悸不眩身如[illegible]桑無窮詎須[illegible]
覓安期翁

一室

九萬笑鵬摶幽居一室寬雨聲　睡酒力壓新寒
嬾覺閑多味衰知死有端此生　斷不必夢邯鄲

得所親廣州書

音信連年恨不聞書來細讀却消魂人稀野店山魈
語路僻蠻村荔子繁毒草自搖春寂寂瘴雲不動晝
昏昏此[illegible]息無日且置清愁近一樽

[illegible]詠

清泉繞屋[illegible]回首微官意已忘小瓮帶[illegible]收洛

筍洛中冬[illegible]小瓮[illegible]細鱗穿柳貫河魴黃旗萬里無侯

骨紅燭千鍾有酒腸欲起九原誰可友蘭亭修禊晉

諸王

幽事

蕭然四壁野人家幽事還堪對[illegible]比日明窗閑試

墨寒泉古鼎自煎茶桐凋無復[illegible]集蘋老猶殘泣

露花萬里封侯眞已矣只將[illegible]一涯

新刊劍南詩稾卷第十六